S. FISCHER

Mary Beard

FRAUEN & MACHT

Ein Manifest

Aus dem Englischen von
Ursula Blank-Sangmeister
unter Mitarbeit von Janet Schüffel

S. FISCHER

MIX
Papier aus verantwortungsvollen Quellen
FSC® C083411

Erschienen bei S. FISCHER

Die Originalausgabe ist 2017
unter dem Titel »Women & Power«
bei Profile Books, London, erschienen.

Eine Fassung von »The Public Voice of Women« ist zuerst in der *London Review of Books* (20. März 2014) erschienen; »Women in Power« wurde ebenfalls in der *London Review of Books* (16. März 2017) veröffentlicht. Beiden Artikeln liegen Vorträge zugrunde, die Mary Beard im Rahmen der *LRB Winter Lecture series* gehalten hat.

Satz: Dörlemann Satz, Lemförde
Druck und Bindung: CPI books GmbH, Leck
Printed in Germany
ISBN 978-3-10-397399-0

INHALT

VORWORT

DIE FRAUEN IM WESTEN haben viel zu feiern, das wollen wir nicht vergessen. Meine Mutter wurde geboren, bevor Frauen bei britischen Parlamentswahlen ihre Stimme abgeben durften. Und sie erlebte sogar noch eine Premierministerin. Was immer sie von Margaret Thatcher gehalten haben mag, sie freute sich, dass es eine Frau bis in die Downing Street Number 10 geschafft hatte, und sie war stolz darauf, an einigen jener revolutionären Veränderungen des 20. Jahrhunderts persönlich beteiligt gewesen zu sein. Anders als Generationen vor ihr konnte sie sowohl Karriere machen als auch heiraten und ein Kind bekommen (für ihre eigene Mutter hingegen bedeutete die Schwangerschaft zwangsläufig das Ende ihres Lehrerinnendaseins). Als Direktorin einer großen Grundschule in den West Midlands war sie äußerst tüchtig. Ich bin mir sicher, dass sie für die Generationen von Mädchen und Jungen, für die sie Verantwortung trug, der Inbegriff der *Macht* war.

Meine Mutter wusste jedoch auch, dass das alles nicht ganz so einfach war, dass die wirkliche Gleichheit von Frauen und Männern noch in den Sternen stand und dass es sowohl Grund für Ärger als auch für Jubel gab. Sie bedauerte stets, keine Universität besucht zu haben (und freute sich selbstlos, dass ich studieren konnte). Oftmals war sie enttäuscht, dass ihre Ansichten und ihre Stimme nicht so ernst genommen wurden, wie sie es sich erhofft hätte. Und auch wenn sie mit der Metapher der »gläsernen Decke der Macht« nichts hätte anfangen können, war ihr durchaus bewusst, dass ihr immer weniger weibliche Gesichter begegneten., je höher sie auf der Karriereleiter stieg.

Ich musste oft an sie denken, als ich 2014 und 2017 die beiden Vorträge vorbereitete, die diesem Buch (mit freundlicher Genehmigung der *London Review of Books*) zugrunde liegen. Ich dachte darüber nach, wie ich ihr, aber auch mir selbst und den Millionen anderer Frauen, die noch immer ähnliche Enttäuschungen erfahren, erklären könnte, wie tief in der westlichen Kultur die Mechanismen verwurzelt sind, die Frauen zum Schweigen verurteilen, die verhindern, dass Frauen ernst genommen werden, und die sie (manchmal im wahrsten Sinne des Wortes, wie wir noch sehen werden) aus den Machtzentren ausschließen. Hier kann die Welt der alten Griechen und Römer uns helfen, unsere eigene, gegenwärtige Welt zu erhellen. Die abendländische Kultur ist seit Jahrtausenden geübt darin, Frauen den Mund zu verbieten.

DIE ÖFFENTLICHE STIMME VON FRAUEN

Beginnen möchte ich mit den Anfängen der überlieferten abendländischen Literatur und mit dem dort aufgezeichneten ersten Beispiel eines Mannes, der einer Frau sagt, sie solle »den Mund halten«; der ihr sagt, dass ihre Stimme in der Öffentlichkeit zu schweigen habe. Ich meine einen Augenblick, der vor fast 3000 Jahren am Anfang von Homers *Odyssee* verewigt wurde. Heutzutage betrachten wir dieses Werk meist als ein Epos über Odysseus und die Abenteuer und Probleme, denen er während seiner Heimreise aus dem Trojanischen Krieg ausgesetzt war. Seine Frau Penelope wartete indes jahrzehntelang treu auf ihn und erwehrte sich der Freier, die auf eine Heirat drängten. Doch die *Odyssee* ist ebenso die Geschichte des Telemachos, des Sohnes des Odysseus und der Penelope. Sie erzählt von seinem Aufwachsen und wie er im Verlauf der Dichtung vom Jungen zum Mann heranreift. Dieser Prozess beginnt im ersten Buch des Epos: Penelope steigt aus ihren Privatgemächern in die große Palasthalle hinab, wo ein Barde vor den Scharen ihrer Freier seine Kunst zum Besten gibt. Er singt von den Schwierigkeiten, in die die griechischen Helden bei ihrer Heimfahrt geraten. Darüber nicht eben erfreut, bittet sie ihn vor aller

Ohren, doch ein anderes, fröhlicheres Lied anzustimmen. Daraufhin schaltet sich der junge Telemachos ein: »Du aber«, sagt er, »gehe ins Haus und besorge die eignen Geschäfte, / Spindel und Webstuhl … die Rede ist Sache der Männer, / Aller, vor allem die meine! Denn mein ist die Macht hier im Hause.« Also tritt sie ab und begibt sich wieder in die oberen Gemächer.

Es wirkt ein wenig lächerlich, wenn der junge Bursche, der noch nicht ganz trocken hinter den Ohren ist, Penelope, einer klugen Frau mittleren Alters, den Mund verbietet. Aber es ist auch ein schöner Beweis dafür, dass just in dem Moment, da die schriftlichen Zeugnisse der abendländischen Kultur einsetzen, die Stimmen von Frauen in der Öffentlichkeit kein Gehör finden. Darüber hinaus ist es für einen Mann, wie Homer zeigt, ein integraler Bestandteil des Erwachsenwerdens, dass er lernt, die Kontrolle über öffentliche Äußerungen zu übernehmen und den weiblichen Teil der menschlichen Spezies zum Schweigen zu bringen. Die Worte, die Telemachos verwendet, sind ebenfalls aufschlussreich. Wenn er sagt, »die Rede ist Sache der Männer«, benutzt er den Begriff *muthos,* aber nicht in dem uns tradierten Sinn von »Mythos«. Im homerischen Griechisch bezeichnet *muthos* die autoritative öffentliche Rede, nicht aber das Schwatzen, Plappern oder Tratschen, das allen zu eigen war – auch oder vor allem den Frauen.

Was mich hier interessiert, ist das Verhältnis zwischen diesem klassischen homerischen Augenblick, als

1 Diese athenische Vasenmalerei des 5. Jahrhunderts v. Chr. zeigt Penelope an ihrem Webstuhl (das Weben war immer das Markenzeichen einer guten griechischen Hausfrau). Telemachos steht vor ihr.

einer Frau das Wort verboten wird, und der Art und Weise, wie in unserer heutigen Kultur und in unserem politischen Leben die Stimmen von Frauen in der Öffentlichkeit überhört werden, von den Bänken im Parlament bis in die Fabrikhalle. Diese Taubheit, die wir nur zu gut kennen, wird in einer alten Karikatur der Zeitschrift *Punch* hübsch parodiert: »Das ist ein hervorragender Vorschlag, Miss Triggs. Vielleicht möchte einer der Herren hier ihn vorbringen.« Ich möchte über die mögliche Beziehung zwischen dieser Taubheit und den Beleidigungen nachdenken, denen zahlreiche Frauen, die ihre Stimme erheben, bis in unsere Tage ausgesetzt sind, und eine der Fragen, die ich dabei im Hinterkopf habe, gilt dem Zusammenhang zwischen der öffentlichen Befürwortung von Frauenporträts auf Banknoten, Vergewaltigungs- und Enthauptungsdrohungen, die über Twitter verbreitet werden, und Penelopes Demütigung durch Telemachos.

Ich möchte hier einen genauen, sehr genauen Blick werfen auf die kulturell heikle Beziehung zwischen der Stimme von Frauen und der öffentlichen Sphäre der Reden, Debatten und Stellungnahmen. Es geht also um Politik im weitesten Sinne, von Bürometeetings bis zum Plenum des Parlaments. Dieser intensive Blick wird uns hoffentlich helfen, über die schlichte Diagnose »Frauenfeindlichkeit« hinauszukommen, auf die wir, ein wenig bequem, gern zurückgreifen. Natürlich lässt sich mit »Frauenfeindlichkeit« das derzeitige Klima beschreiben. (Wenn man nach der Teilnahme an einer

»Das ist ein hervorragender Vorschlag, Miss Triggs.
Vielleicht möchte einer der Herren hier ihn vorbringen.«

2 Vor fast 30 Jahren fing die Karikaturistin Riana Duncan die sexistische Atmosphäre einer Konferenz oder Vorstandssitzung ein. Es gibt kaum eine Frau, die, wenn sie bei einem Meeting den Mund aufmachte, nicht irgendwann einmal wie Miss Triggs behandelt wurde.

Fernsehdiskussion jede Menge Tweets erhält, in denen die eigenen Genitalien mit allem möglichen unappetitlich verfaulten Gemüse verglichen werden, gibt es wohl kaum ein treffenderes Wort). Wenn wir jedoch verstehen wollen, warum Frauen, selbst wenn ihnen nicht der Mund verboten wird, noch immer einen sehr hohen Preis zahlen, um Gehör zu finden – und wenn wir daran etwas ändern möchten –, dann müssen wir einsehen, dass das Ganze etwas komplizierter ist und eine lange Geschichte dahintersteht.

In der griechischen und römischen Antike war Telemachos' strenge Zurechtweisung seiner Mutter nur das erste Beispiel in einer endlosen Reihe von weitgehend erfolgreichen Versuchen, die Frauen nicht nur von der öffentlichen Rede auszuschließen, sondern diesen Ausschluss auch zur Schau zu stellen. Im frühen 4. Jahrhundert v. Chr. beispielsweise widmete Aristophanes eine ganze Komödie der »witzigen« Phantasie, dass Frauen die Regierung des Staates übernehmen könnten. Ein Teil des Witzes ergab sich daraus, dass Frauen nicht in der Lage waren, sich in der Öffentlichkeit angemessen zu äußern – genauer gesagt konnten sie ihre private Ausdrucksweise (sie redeten hauptsächlich über Sex) nicht an die hochtrabende Ausdrucksweise der männlichen Politik anpassen. In der römischen Welt kommen Ovids *Metamorphosen* – jenes außergewöhnliche mythologische Epos über menschliche Verwandlungen (und wahrscheinlich das literarische Werk, das nach der Bibel die abendländische Kunst am stärksten be-

3 David Teniers' Gemälde aus dem 17. Jahrhundert zeigt den Moment, als Jupiter die arme Io, jetzt in Gestalt einer Kuh, seiner Frau Juno übergibt. Damit will er jeden Verdacht zerstreuen, dass sein Interesse an Io von unangemessen sexueller Natur gewesen sein könnte (was es in Wirklichkeit natürlich war).

4 In John William Waterhouse' markanter Traumversion der Szene (gemalt 1903) blickt die leichtbekleidete Echo stumm auf ihren »Narzissten«, der in sein eigenes Bild im Teich vertieft ist.

einflusste) – immer wieder auf die Idee zurück, Frauen im Zuge ihrer Verwandlung zum Schweigen zu bringen. So wird die arme Io vom Gott Jupiter in eine Kuh verwandelt, so dass sie nicht mehr sprechen, sondern nur noch muhen kann. Die geschwätzige Nymphe Echo hingegen wird damit bestraft, dass ihre Stimme nicht mehr ihr gehört, sondern nur noch ein Instrument ist, um die Worte anderer zu wiederholen. Auf dem berühmten Gemälde von John William Waterhouse wirft sie Narcissus begehrliche Blicke zu, kann aber kein Gespräch mit ihm beginnen, während er – der erste »Narzisst« – sich in sein eigenes Spiegelbild im Teich verliebt.

Ein römischer Autor des 1. Jahrhunderts n. Chr. verfasste eine seriöse Anthologie, in der er gerade einmal drei Beispiele von Frauen anführen konnte, »deren natürliche Bestimmung sie nicht dazu bringen konnte, auf dem Forum zu schweigen«. Seine Beschreibungen sind entlarvend. Im ersten Fall verteidigte sich eine Frau namens Maesia erfolgreich vor Gericht, und weil »sich hinter ihrer weiblichen Erscheinung das Wesen eines Mannes verbarg, wurde sie ›Androgyne‹ genannt«. Die zweite Frau, Afrania, pflegte von sich aus Prozesse anzustrengen und war »schamlos« genug, ihre Fälle höchstpersönlich vorzutragen, so dass alle von ihrem »Gebelfer« und »Gekläffe« ganz erschöpft waren (eine menschliche »Rede« ist ihr noch verwehrt). Sie starb, so erfahren wir, im Jahr 48 v. Chr.: »Bei solchen Monstern ist es nämlich wichtiger, der Nachwelt zu überliefern, wann sie gestorben sind, als wann sie geboren wurden«.

In der klassischen Welt wird, von zwei wichtigen Ausnahmen abgesehen, der öffentlichen Rede von Frauen stets mit diesem Abscheu begegnet. Die erste Ausnahme: Frauen dürfen als Opfer und als Märtyrerinnen ihre Stimme erheben, meist um ihren Tod anzukündigen. Von frühen Christinnen wurde berichtet, dass sie sich auf ihrem Weg zu den Löwen mit lauter Stimme zu ihrem Glauben bekannten; und in einer sehr bekannten Geschichte aus der römischen Frühzeit erhielt die tugendhafte Lucretia, die von einem brutalen Prinzen des regierenden Königshauses vergewaltigt worden war, nur deswegen eine Sprechrolle, um den Vergewaltiger denunzieren und ihren Suizid ankündigen zu können. (So stellen es zumindest die römischen Autoren dar – davon, was wirklich geschah, haben wir keine Ahnung). Doch auch diese reichlich bittere Gelegenheit, sich zu äußern, konnte den Frauen genommen werden. So erzählt eine Geschichte in den *Metamorphosen* von der Vergewaltigung der jungen Prinzessin Philomela. Um eine Denunziation à la Lucretia zu verhindern, schneidet ihr der Vergewaltiger schlicht und einfach die Zunge ab. Dieser Gedanke wird in Shakespeares *Titus Andronicus* wiederaufgegriffen, wo der vergewaltigen Lavinia die Zunge herausgerissen wird.

Die zweite Ausnahme ist uns vertrauter. Gelegentlich waren die Frauen rechtlich befugt, das Wort zu ergreifen – nämlich um ihr Heim, ihre Kinder, ihren Ehemann oder aber die Interessen anderer Frauen zu schützen. So wird im letzten der drei Beispiele weiblicher Rede, die

5 Diese Handschrift aus dem 16. Jahrhundert zeigt die beiden Schlüsselepisoden der Lucretia-Geschichte. Im oberen Register fällt Sextus Tarquinius über die tugendhafte Frau her (seine Kleider sind irritierend ordentlich neben dem Bett abgelegt), im unteren denunziert Lucretia, gewandet im Stil des 16. Jahrhunderts, den Vergewaltiger bei ihrer Familie.

der oben erwähnte römische Autor in seiner Anthologie diskutiert, einer Frau namens Hortensia ihre Rede nicht übelgenommen. Denn sie agiert ausdrücklich als Sprecherin der Frauen Roms (und nur der Frauen), nachdem diesen zur Finanzierung eines zweifelhaften Krieges eine spezielle Vermögenssteuer auferlegt worden war. Mit anderen Worten: In Extremsituationen dürfen Frauen ihre eigenen, speziellen Interessen öffentlich vertreten, es ist ihnen aber nicht erlaubt, für die Männer oder das Gemeinwesen als Ganzes zu sprechen. Im Allgemeinen soll eine Frau, wie es ein Guru des 2. Jahrhunderts n. Chr. formulierte, »sich ebenso besonnen davor hüten, ihre Stimme Außenstehende hören zu lassen, wie sie sich davor hüten würde, sich vor ihnen zu entkleiden«.

Das Ganze ist allerdings komplizierter, als es den Anschein hat. Diese »Stummheit« spiegelt nämlich nicht nur die allgemeine Entmündigung der Frauen überall in der klassischen Welt: Sie durften nicht wählen und besaßen auch sonst kaum Rechte. Das war jedoch nur ein Teil des Problems. Antike Frauen erhoben ihre Stimme nicht in der politischen Sphäre, da sie an ihr offiziell nicht beteiligt waren. Aber wir haben es hier mit einem sehr viel aktiveren und ideologisch stärker befrachteten Ausschluss von Frauen aus der öffentlichen Rede zu tun. Und damit wirkt sich dieser Ausschluss sehr viel stärker auf unsere eigenen Traditionen, Konventionen und Annahmen in Bezug auf die Stimme von Frauen aus, als wir gemeinhin zugeben. Was ich damit sagen

6 Picassos Version von Philomelas Vergewaltigung durch Tereus (1930).

will, ist, dass Frauen nicht einfach keine öffentlichen Reden und Ansprachen hielten. Es handelte sich dabei um exklusive Praktiken und Fähigkeiten, die Männlichkeit als soziales Geschlecht definierten. Wie wir bei Telemachos gesehen haben, gehörte es zum Mannwerden (zumindest für einen künftigen Mann der Elite), Anspruch auf das Rederecht zu erheben. Die öffentliche Rede war ein, wenn nicht *das* konstitutive Attribut der Männlichkeit. Oder, um ein bekanntes römisches Diktum zu zitieren: Ein Bürger der Elite war, kurz gesagt, ein *vir bonus dicendi peritus* (ein tüchtiger, des Redens kundiger Mann). Hingegen war in den meisten Fällen eine Frau, die in der Öffentlichkeit sprach, qua Definition keine Frau.

In der antiken Literatur wird die Autorität der tiefen männlichen Stimme immer wieder betont, als Gegensatz zur weiblichen. Wie ein wissenschaftlicher Traktat es explizit formulierte, war die tiefe Tonlage das Kennzeichen männlichen Mutes, während eine hohe Tonlage auf weibliche Feigheit hindeutete. Andere klassische Autoren behaupteten beharrlich, dass der Ton und das Timbre der weiblichen Rede stets nicht nur die Stimme des männlichen Redners zu untergraben drohe, sondern auch die gesellschaftliche und politische Stabilität sowie die Gesundheit des gesamten Staates. Ein Redner und Intellektueller des 2. Jahrhunderts n. Chr. mit dem bezeichnenden Namen Dion Chrysostomos (wörtlich: Dion »Goldmund«) forderte sein Publikum auf, sich eine Situation vorzustellen, in der »ein ganzes Volk von

7 Hortensia hat einen Platz in Boccaccios Kompendium *Von berühmten Frauen* gefunden. In dieser Ausgabe aus dem späten 15. Jahrhundert führt sie, ganz im Stil jener Zeit gewandet, mutig die Schar ihrer Anhängerinnen an, um den römischen Magistraten ihr Anliegen vorzutragen.

dem Missgeschick befallen (würde), daß alle Männer die Stimmen von Frauen bekämen und weder jung noch alt in seiner männlichen Tonlage sprechen könnte. Würde man das nicht für ein furchtbares Unglück halten, vielleicht noch schlimmer als jede Pest, so daß man zum Gott schickte und die Gottheit mit vielen Gaben zu versöhnen suchte?« Das war kein Witz.

Dies ist nicht die absonderliche Ideologie irgendeiner fernen Kultur. Zeitlich entfernt mag sie ja sein. Doch ich möchte unterstreichen, dass es sich hier um eine Tradition des geschlechtsspezifischen Sprechens handelt (und um die Theoretisierung des geschlechtsspezifischen Sprechens), deren direkte oder häufiger indirekte Erben wir noch immer sind. Wir wollen dies aber nicht überbewerten. Die westliche Kultur hat nicht alles den Griechen und Römern zu verdanken, weder in Bezug auf das Halten von Reden noch auf irgendetwas sonst (Gott sei Dank nicht; niemand von uns würde gern in einer griechisch-römischen Welt leben). Wir stehen unter allen möglichen unterschiedlichen konkurrierenden Einflüssen, und unser politisches System hat glücklicherweise viele der geschlechtsspezifischen Überzeugungen der Antike über Bord geworfen. Allerdings bleibt es eine Tatsache, dass unsere eigenen Rede- und Debattentraditionen, ihre Konventionen und Regeln, noch sehr im Schatten der klassischen Welt stehen. Die modernen Rhetorik- und Überzeugungstechniken, die in der Renaissance formuliert wurden, stützten sich explizit auf antike Reden und Handbücher. Unsere eigenen Begriffe der rhetorischen Analyse gehen direkt auf Aristoteles und Cicero zurück (vor der Ära Donald Trumps pflegte man darauf hinzuweisen, dass Barack Obama beziehungsweise seine Redenschreiber ihre besten Tricks von Cicero gelernt hätten). Und jene Gentlemen des 19. Jahrhunderts, die die meisten parlamentarischen Regeln und Verfahrensweisen des House of Commons, des britischen Unterhauses, entworfen oder festgeschrieben haben, sind mit genau jenen von mir angeführten klassischen Theorien, Schlagworten und Vorurteilen aufgewachsen. Doch auch hier sind wir nicht einfach nur die Opfer oder Düpierten unseres klassischen Erbes. Die klassischen Traditionen haben uns ein machtvolles Muster zur Verfügung gestellt, anhand dessen wir über die öffentliche Rede reflektieren und beurteilen, was als gute oder schlechte, überzeugende oder nicht überzeugende Rhetorik zu gelten hat. Und wessen Rede es verdient, gehört zu werden. Innerhalb dieser Mischung ist das Geschlecht offenkundig ein wichtiger Faktor.

Ein kurzer Blick auf die modernen – wenigstens bis ins 20. Jahrhundert reichenden – westlichen Redetraditionen genügt, um zu erkennen, dass viele der klassischen Themen, auf die ich hier eingegangen bin, immer wieder auftauchen. Frauen, die ein öffentliches Rederecht beanspruchen, gelten als verrückte Mannweiber, so wie Maesia, die sich persönlich auf dem römischen Forum verteidigte – oder sie stellen sich auch selbst als solche dar. Ein offenkundiges Beispiel dafür bietet Elizabeth I. 1588 mit ihrer kriegerischen Ansprache an die Truppen in Tilbury angesichts der spanischen Armada. Sie scheint darin ihre eigene Androgynität offen einzugestehen:

> »Ich weiß, dass ich den Leib eines schwachen kraftlosen Weibes habe; doch ich habe das Herz und den Mut eines Königs, noch dazu eines Königs von England.«

Worte, die viele von uns in der Schule auswendig gelernt haben – befremdlich genug, dass mit ihnen junge Mädchen zum Lernen angehalten werden sollten. In Wahrheit freilich hat Elizabeth I. vermutlich niemals etwas Derartiges gesagt. Es gibt nämlich weder ein von ihr oder ihrem Redenschreiber verfasstes Schriftstück noch einen Augenzeugenbericht. Die kanonische Fassung entstammt einem Brief, den ein unzuverlässiger Berichterstatter, der eigene Interessen verfolgte, fast 40 Jahre später geschrieben hat. Meinen Zwecken ist die wahrscheinliche Fiktionalität der Rede aber umso dienlicher: Denn mit einem schönen Dreh stellt der Briefschreiber die Situation so dar, als habe Elizabeth selber mit ihrer Androgynität geprahlt (oder sich zu ihr bekannt).

Wenn wir allgemein auf moderne Rhetoriktraditionen blicken, finden wir dieselben Bereiche, in denen Frauen öffentlich reden dürfen: Es ist ihnen erlaubt, ihre eigenen Interessen zu vertreten oder ihren Opferstatus zur Schau zu stellen. Wenn man aus jenen merkwürdi-

8 Ein Bild der Königin Elizabeth in Tilbury, das in britischen Schulbüchern des 19. Jahrhunderts häufig abgedruckt wurde. Die Königin in ihrem zarten, flatternden Kleid ist gänzlich von Männern – und Spießen – umgeben.

gen Kompendien, die mit »100 bedeutende Reden der Geschichte« oder ähnlich betitelt sind, die Beiträge von Frauen heraussucht, zeigt sich: Die meisten weiblichen Highlights, von Emmeline Pankhursts Ansprachen bis zu Hillary Clintons Rede bei der UN-Weltfrauenkonferenz in Peking, befassen sich mit dem Schicksal von Frauen. Dies gilt auch für das wahrscheinlich berühmteste Beispiel weiblicher Rhetorik, das in eine Anthologie Eingang gefunden hat. Es handelt sich um die Rede von Sojourner Truth, einer Exsklavin, Kämpferin für die Abschaffung der Sklaverei und amerikanischen Frauenrechtlerin. Sie wird mit den Worten zitiert: »Und bin ich denn keine Frau?«

> »Ich habe 13 Kinder geboren, und fast alle wurden in die Sklaverei verkauft, und als ich laut weinte in meinem mütterlichen Schmerz, hörte mich niemand außer Jesus! Und bin ich denn keine Frau …?«

Diese Worte, so einflussreich sie auch waren, sind wahrscheinlich ebenso erfunden wie Elizabeth' Ansprache in Tilbury. Was Sojourner Truth auch immer gesagt haben mag, die autorisierte Fassung wurde erst etwa ein Jahrzehnt später niedergeschrieben. Damals wurde auch der jetzt berühmte Ausspruch, der mit Sicherheit nicht von ihr stammt, eingefügt und die gesamte Rede – obwohl Sojourner Truth aus dem Norden kam und mit der holländischen Sprache aufgewachsen war – in einen gedehnten Südstaaten-Dialekt übertragen. Er passte besser zu ihrer Botschaft von der Abschaffung

9 Auf dem Foto aus dem Jahr 1870 wirkt die über siebzigjährige Sojourner Truth alles andere als radikal, sondern eher wie eine gesetzte, verehrungswürdige alte Dame.

der Sklaverei. Ich sage nicht, dass die Stimmen von Frauen, die sich für die Rechte von Frauen einsetzen, nicht wichtig waren oder sind (*irgendjemand* muss ja für die Frauen sprechen). Aber es bleibt eine Tatsache, dass der öffentlichen Rede von Frauen diese »Nische« seit Jahrhunderten zugewiesen ist.

Doch selbst jener Bereich der öffentlichen Rede ist den Frauen nicht immer oder zwingend zugänglich. Es gibt unzählige Beispiele für Versuche im Stil des Telemachos, die Frauen ganz aus dem öffentlichen Diskurs herauszuschreiben. Ein berühmt-berüchtigter Fall aus jüngerer Zeit war Elizabeth Warren, die im US-Senat zum Schweigen gebracht und von der Debatte ausgeschlossen wurde, als sie einen Brief von Coretta Scott King, der Frau Martin Luther Kings, vorlesen wollte. Nur wenige von uns kennen vermutlich die Debattenregeln des Senats genau genug, um beurteilen zu können, inwieweit dies formal rechtens war. Aber jene Regeln hielten Bernie Sanders und andere Senatoren nicht davon ab, genau denselben Brief (zugegebenermaßen zu Warrens Unterstützung) vorzulesen, und sie bewirkten *nicht* deren Ausschluss. Es gibt jedoch auch irritierende literarische Beispiele.

Eines der wichtigsten Themen in Henry James' Roman *The Bostonians (Die Frauen von Boston)*, erschienen in den 1880er Jahren, ist die Geschichte von Verena Tarrant, einer jungen Feministin und Rednerin, die zum Schweigen gebracht wird. Als sie mit ihrem Verehrer Basil Ransom (einem Mann mit einer, wie James betont, klangvollen, tiefen Stimme) in näheren Kontakt kommt, ist sie zunehmend unfähig, so wie früher in der Öffentlichkeit zu sprechen. Tatsächlich »reprivatisiert« Ransom ihre Stimme, wenn er darauf besteht, dass sie nur noch mit ihm redet: »Bewahre deine tröstenden Worte für mich auf«, sagt er zu ihr. Es ist schwierig, im Roman James' Standpunkt – die Leser und Leserinnen haben sich gewiss nicht für Ransom erwärmt – klar zu bestimmen, doch in seinen Essays macht der Autor deutlich, wo er steht: Er äußert sich über die schädliche, ansteckende und gesellschaftlich destruktive Wirkung der weiblichen Stimme in Worten, die leicht von der Hand eines Römers des 2. Jahrhunderts n. Chr. geschrieben worden sein könnten (und die zum Teil höchstwahrscheinlich klassischen Quellen entstammten). Unter dem Einfluss der Amerikanerinnen drohe die Sprache, so betonte er, zu »einem allgemeinen Gemurmel oder wilden Durcheinander, zu einem unartikulierten Sabbern, Knurren oder Winseln« zu werden; sie werde bald klingen wie das »Muhen der Kühe, wie Eselsgebrüll und Hundegebell«. (Man beachte die Parallelen zur sprachlosen Philomela, zum Muhen der Io und zum Bellen der Rednerin auf dem römischen Forum.) James war aber nur einer von vielen. In einer Debatte, die schließlich auf einen Kreuzzug für geeignete Standards der amerikanischen Sprache hinauslief, lobten andere prominente Zeitgenossen den süßen häuslichen Gesang der weiblichen Stimme, während sie zugleich deren Gebrauch außerhalb des Hauses komplett ablehnten. Es wurde heftig gewettert über die »dünnen nasalen Töne« in der öffentlichen Rede von Frauen, über deren »Näseln, Wispern, Schnaufen, Winseln und Wiehern«. »Mögen wir im Namen unserer Familien, unserer Kinder, unserer Zukunft oder nationalen Ehre«, sagte James an anderer Stelle, »von solchen Frauen verschont bleiben!«

So krass drücken wir uns heutzutage natürlich nicht mehr aus. Oder nicht ganz so krass. Viele Aspekte dieses traditionellen Bündels von Ansichten über die allgemeine Unfähigkeit der Frauen, öffentlich zu reden – Ansichten, die in ihren wesentlichen Punkten eine mehr als zweitausendjährige Geschichte haben –, liegen nämlich weiterhin manchen unserer Annahmen (und unserem Unbehagen) hinsichtlich der weiblichen Stimme in der Öffentlichkeit zugrunde. Man braucht nur auf die Wörter zu achten, mit denen wir noch immer den Klang der weiblichen Sprache beschreiben und die von James oder den hochtrabend dozierenden Römern nicht allzu weit entfernt sind. Wenn Frauen öffentlich Stellung beziehen, wenn sie ihre Interessen vertreten, wenn sie ihre Meinung sagen, was wird dann über sie gesagt? Sie sind »schrill«, sie »quengeln« und »winseln«. Nach einem besonders perfiden Internet-Kommentar in Bezug auf meine Genitalien habe ich (ziemlich mutig, wie ich dachte) getwittert, dass das alles ein wenig »erstaunlich« sei. Darüber wurde von einem Kommentator in einer britischen Zeitschrift des politischen Mainstreams mit diesen Worten berichtet: »Die Frauenfeindlichkeit ist wirklich ›erstaunlich‹, *winselte* sie.« (Soweit ich einer raschen Google-Suche entnehmen kann, sind die einzigen anderen Menschen in diesem Land, die angeblich ebenso viel »winseln« wie Frauen, unbeliebte Fußballmanager der Premier League, die gerade eine Serie von Niederlagen durchmachen.)

Sind solche Äußerungen wichtig? Natürlich sind sie es, da sie einen Diskurs untermauern, der dem, was Frauen zu sagen haben, jede Autorität, Kraft und sogar den Humor abspricht. Es ist eine Sprache, welche die Frauen letztlich wieder in die häusliche Sphäre zurückbeordert (Menschen »winseln« über Dinge wie etwa den Abwasch); sie trivialisiert oder »reprivatisiert« ihre Worte. Demgegenüber ist die »tiefe Stimme« des Mannes mit all den Konnotationen von Profundität verbunden, die allein das Wort »tief« auslöst. Noch immer ist eine weibliche Stimme nicht mit Autorität konnotiert; oder diejenigen, die sie hören, haben nicht gelernt, ihre Autorität wahrzunehmen; sie hören kein *muthos*. Und es geht nicht nur um die Stimme. Zerfurchte oder faltige Gesichter signalisieren bei Männern Reife und Weisheit, bei Frauen dagegen verweisen sie darauf, dass sie ihr »Haltbarkeitsdatum« bereits überschritten haben.

Selbst die Stimme einer Expertin findet kein Gehör, jedenfalls nicht außerhalb der traditionellen Bereiche weiblicher Partikularinteressen. Für eine Politikerin ist es sehr viel einfacher, Ministerin für Frauen (oder Erziehung oder Gesundheit) zu werden als etwa Finanzministerin, ein Amt, das im Vereinigten Königreich noch nie von einer Frau bekleidet wurde. Und noch immer begegnet uns überall dort ein enormer Widerstand, wo Frauen in traditionell männliche diskursive Terrains vordringen. Das zeigten die wüsten Beschimpfungen gegenüber der Journalistin Jacqui Oatley, die die Dreistigkeit besaß, dem Fußballfeld den Rücken zu kehren, um zur ersten Kommentatorin bei der BBC-Fußballsendung *Match of the Day* zu werden. Das zeigen aber auch die Dinge, die bisweilen jene Frauen über sich ergehen lassen müssen, die in der TV-Sendung *Question Time* auftreten, in der gewöhnlich mehr oder weniger »männlich-politische« Mainstream-Themen diskutiert werden. Es ist vielleicht keine Überraschung, dass derselbe Kommentator, der mich des »Winselns« bezichtigte, ankündigte, er wolle einen »kleinen, heiteren« Wettbewerb veranstalten, um die »dümmste Frau« zu ermitteln, die bislang »in *Question Time* aufgetreten ist«. Interessanter ist indes eine andere kulturelle Verbindung, die sich hier offenbart: Äußert eine Frau unpopuläre, umstrittene oder schlichtweg deutlich abweichende Ansichten, gelten diese als Zeichen ihrer Dummheit. Es geht nicht darum, dass eine Frau anderer Meinung ist, sondern darum, dass *sie* dumm ist: »Tut mir leid, meine Liebe, aber das verstehen Sie nicht.« Ich vermag nicht zu sagen, wie oft ich als »ignorante Idiotin« bezeichnet worden bin.

Diese Einstellungen, Annahmen und Vorurteile sind fest in uns verankert: nicht in unserem Gehirn (es gibt keinen neurologischen Grund, weshalb wir tiefe Stim-

10 Jacqui Oatley erhält ein Ehrendiplom (2016). Als sie im Jahr 2007 ihre Karriere als Kommentatorin in *Match of the Day* startete, hagelte es heftige Kritik. »Eine Beleidigung für die professionellen Kommentare« von Männern, lautete eine Reaktion. »Ich werde den Sender wechseln«, hieß es in einer anderen.

men als autoritativer wahrnehmen sollten als hohe), wohl aber in unserer Kultur, Sprache und jahrtausendelangen Geschichte. Wenn wir darüber nachdenken, dass Frauen in der nationalen Politik unterrepräsentiert und in der Öffentlichkeit relativ stumm sind, müssen wir über das, was einige prominente britische Politiker und ihre Spezis im Oxford Bullingdon Club (jener elitären Studentenverbindung, der auch David Cameron und Boris Johnson angehören) getrieben haben, hinausdenken. Wir dürfen uns nicht mit dem schlechten Benehmen und der machohaften Kultur von Westminster, nicht einmal mit familienfreundlichen Arbeitszeiten und Kinderbetreuungsangeboten zufriedengeben (so wichtig sie auch sind). Wir müssen uns auf die noch fundamentalere Frage konzentrieren, wie wir gelernt haben, die Beiträge von Frauen wahrzunehmen, oder auf das, was ich – um kurz auf jene Karikatur aus der Zeitschrift *Punch* zurückzukommen – als das »Miss-Triggs-Problem« bezeichnen möchte. Es geht nicht nur darum, wie Miss Triggs zu Wort kommen kann, sondern darum, wie wir uns die Prozesse und Vorurteile stärker bewusstmachen können, aufgrund deren wir ihr nicht zuhören.

Einige von ebendiesen Ansichten bezüglich der Stimme und des Geschlechts sind auch bei den Internet-Trollen und den online verbreiteten Feindseligkeiten – von Beschimpfungen bis Morddrohungen – mit im Spiel. Wir müssen uns aber davor hüten, die übleren

Seiten des Internet allzu bedenkenlos zu verallgemeinern. Die Feindseligkeiten zeigen sich ja in vielen unterschiedlichen Formen (auf Twitter beispielsweise in anderer Weise als zwischen den Zeilen im Kommentarteil einer Zeitung), und kriminelle Morddrohungen sind eine ganz andere Sache als lediglich »unerfreuliche« sexistische Beleidigungen. Alle möglichen Menschen sind die Zielscheiben, angefangen mit Eltern, die den Tod von Teenagern betrauern, bis hin zu »Prominenten« aller Art. Klar ist – auch wenn genaue Untersuchungen fehlen –, dass sehr viel mehr Männer als Frauen diesen Müll produzieren und dass sie Frauen deutlich häufiger angreifen als Männer. Wie dem auch sei, nach jedem Radio- oder Fernsehauftritt erhalte ich Rückmeldungen (und ich habe längst nicht so viel auszustehen wie manch andere Frau), die man verharmlosend als »unangemessen feindselig« bezeichnen könnte und die über eine berechtigte Kritik oder auch über berechtigten Ärger deutlich hinausgehen.

Diesen Beleidigungen liegen, da bin ich mir sicher, viele unterschiedliche Motive zugrunde. Manche kommen von Kindern, die sich aufspielen wollen; manche von Leuten, die deutlich zu viel getrunken haben; manche von Menschen, die für einen Augenblick ihren inneren Hemmschuh verloren haben (und sich später manchmal heftig entschuldigen). Die Zahl der Depressiven ist höher als die der Bösartigen. Wenn ich freundlich gestimmt bin, denke ich, dass ziemlich viele Beleidigungen von Leuten kommen, die sich von den falschen Versprechungen der Demokratisierung, wie sie etwa von Twitter ausposaunt werden, hintergangen fühlen. Twitter sollte uns angeblich in direkten Kontakt mit den Mächtigen bringen und eine neue demokratische Art des Gesprächs ermöglichen. Fast nichts davon geschieht: Wenn wir der Premierministerin oder dem Papst einen Tweet schicken, lesen sie unsere Worte ebenso wenig wie sie es täten, wenn wir ihnen einen Brief schreiben würden – und meistens verfasst die Premierministerin nicht einmal die Tweets, die unter ihrem Namen erscheinen. Wie könnte sie das auch? (Beim Papst bin ich mir übrigens nicht ganz sicher.) Manche der Beleidigungen sind vermutlich ein Aufschrei der Enttäuschung über jene falschen Versprechungen und nehmen ein passendes, traditionelles Opfer ins Visier (»eine Frau, die das Maul aufreißt«). Frauen sind, das wollen wir nicht vergessen, nicht die Einzigen, die sich als »sprachlos« empfinden können.

Doch je genauer ich mir die gegen Frauen gerichteten Drohungen und Beleidigungen ansehe, desto mehr scheinen sie zu den alten Mustern zu passen, über die ich hier geschrieben habe. Zunächst einmal ist es ziemlich unerheblich, welche Richtung eine Frau einschlägt, die sich in traditionell männliches Territorium vorwagt – die Beleidigung erfolgt auf jeden Fall. Sie wird nicht hervorgerufen durch das, *was* man sagt, sondern schlichtweg durch die Tatsache, *dass* man es sagt. Und das passt zu den einzelnen Inhalten der Drohungen. Zu ihnen gehört ein recht vorhersehbares Menü aus Vergewaltigungs-, Bomben-, Morddrohungen und ähnlichen Dingen (das mag hier jetzt recht entspannt klingen, aber das heißt nicht, dass es einem keine Angst einflößt, wenn man spätnachts damit konfrontiert wird). Ein wesentlicher Teil dieser Äußerungen zielt darauf ab, die Frau zum Schweigen zu bringen. »Halt den Mund, du Schlampe« ist ein ziemlich gängiger Spruch. Oder man verkündet, die Frau mundtot machen zu wollen. »Ich werde dir den Kopf abschlagen und ihn vergewaltigen«, hieß es in einem Tweet an mich. »Headlessfemalepig« (»kopflose Sau«) lautete der Twitter-Name von jemandem, der eine amerikanische Journalistin bedrohte. »Man sollte dir die Zunge herausreißen«, wurde einer anderen Frau getwittert.

Auf diese grobe, aggressive Weise sollen Frauen weiterhin aus dem Gespräch der Männer herausgehalten oder entfernt werden. Es fällt schwer, nicht einen gewissen Zusammenhang zwischen diesen verrückten Ausbrüchen auf Twitter – die meisten von ihnen sind genau das – und den Männern im britischen Unterhaus herzustellen, die mit ihren lauten Zwischenrufen weibliche Parlamentsmitglieder so sehr übertönen, dass man schlichtweg nicht hören kann, was sie sagen. (Im afghanischen Parlament werden angeblich die Mikrophone abgeschaltet, wenn man die Frauen nicht reden hören will.) Ironischerweise führt die gutgemeinte Empfehlung, die häufig zu hören ist, wenn Frauen Opfer solcher Angriffe sind, genau zu dem Ergebnis, das die

Beleidiger erzielen wollen: Die Frauen schweigen. »Fordern Sie die Täter nicht heraus. Schenken Sie ihnen keinerlei Beachtung. Um die geht es ihnen ja. Bleiben Sie stumm und ›blocken‹ Sie sie ab.« Dies ist die verblüffende Wiederholung des alten Ratschlags für Frauen: »Nimm es hin und halte den Mund.« Damit läuft man jedoch Gefahr, den Mobbern kampflos das Feld zu überlassen.

So viel zur Diagnose. Was aber kann man in der Praxis tun? Wie die meisten Frauen wünsche ich mir, dass ich es wüsste. Natürlich gibt es überall Gruppen von Freundinnen oder Kolleginnen, die weiterhin regelmäßig über die alltäglichen Aspekte des »Miss-Triggs-Problems« diskutieren, ob im Büro, in einem Konferenzraum, im Rathaussaal, Seminar oder im britischen Unterhaus. Wie kann ich mein Anliegen zu Gehör bringen? Wie erreiche ich, dass es Beachtung findet? Wie schaffe ich es, an der Diskussion teilzunehmen? Einige Männer, da bin ich mir sicher, fragen sich dies ebenfalls. Doch wenn es etwas gibt, das Frauen aus allen gesellschaftlichen Schichten und allen politischen Lagern in allen möglichen Unternehmen und Berufen verbindet, dann ist es die klassische Erfahrung einer gescheiterten Intervention: Sie nehmen an einem Meeting teil, Sie sagen etwas. Dann folgt ein kurzes Schweigen, und nach ein paar peinlichen Sekunden fährt ein Mann da fort, wo er gerade aufgehört hatte: »Was ich sagen wollte, ist …« Sie hätten genauso gut den Mund halten können, und zum Schluss geben Sie sich selbst ebenso die

Schuld wie den Männern, die die Diskussion als ihre exklusive Angelegenheit anzusehen scheinen.

Jene, denen es gelingt, sich Gehör zu verschaffen, bedienen sich, so wie Maesia auf dem römischen Forum oder »Elizabeth« in Tilbury, sehr häufig einer Version der »androgynen« Strategie, indem sie Teile der männlichen Rhetorik bewusst nachahmen. So auch Margaret Thatcher, die sich einem speziellen Training unterzog, um eine tiefere Stimme zu bekommen und ihr damit den Klang von Autorität zu verleihen, den, wie ihre Berater meinten, ihre hohe Tonlage vermissen ließ. Sollte dies gelungen sein, ist es vielleicht ungehörig, es zu kritisieren. Alle derartigen Taktiken führen jedoch leicht dazu, dass die Frauen sich weiterhin ausgeschlossen fühlen, da sie rhetorische Rollen imitieren, die sie nicht als ihre eigenen empfinden. Um es ganz offen zu sagen: Wenn Frauen vorgeben, Männer zu sein, mag dies nach einer kurzfristigen Lösung aussehen, aber sie trifft nicht den Kern des Problems.

Wir müssen grundsätzlicher über die Regeln unserer rhetorischen Handlungen nachdenken. Damit meine ich nicht das alte Klischee »Männer und Frauen sprechen eben unterschiedliche Sprachen« (wenn dem so ist, dann sicher deshalb, weil man sie unterschiedliche Sprachen *gelehrt* hat). Ich will auch gewiss nicht vorschlagen, dass wir den Weg der Populärpsychologie – »Die Männer stammen vom Mars, die Frauen von der Venus« – einschlagen sollten. Vermutlich müssen wir, wenn wir bei dem »Miss-Triggs-Problem« echte Fortschritte erzielen wollen, auf einige Grundprinzipien hinsichtlich des Wesens mündlicher Autorität zurückkommen. Wir müssen fragen, was sie konstituiert und wie wir gelernt haben, Autorität so wahrzunehmen, wie wir es tun. Und anstatt Frauen in Stimmtrainingskurse zu schicken, damit sie ein schönes, tiefes, raues und völlig künstliches Timbre bekommen, sollten wir mehr über die Verwerfungen und Frakturen nachdenken, die dem dominanten männlichen Diskurs zugrunde liegen.

Auch hier kann ein Blick auf die Griechen und Römer nützlich sein. Wahr ist, dass die klassische Kultur mitverantwortlich ist für unsere stark geschlechtsspezifischen Annahmen über die öffentliche Rede, den männlichen *muthos* und das weibliche Schweigen. Wahr ist jedoch auch, dass einige antike Autoren über jene Annahmen viel intensiver nachgedacht haben als wir: Sie hatten das subversive Bewusstsein, dass diese Annahmen Gefahren bargen, sie sorgten sich wegen deren Schlichtheit und deuteten einen gewissen Widerstand gegen sie an. Ovid mag seine Frauengestalten im Zuge ihrer Verwandlung oder Verstümmelung nachdrücklich zum Schweigen gebracht haben, doch er spielte auch darauf an, dass Kommunikation sich nicht auf die menschliche Stimme beschränken muss und Frauen sich nicht so leicht zum Schweigen bringen lassen. Philomela büßte ihre Zunge ein, trotzdem konnte sie ihren Vergewaltiger noch denunzieren, indem sie die Geschichte in einen Wandteppich einwebte (deshalb wird Shakespeares Lavinia nicht nur die Zunge

11 In Edward Burne-Jones' markant »mittelalterlicher« Version der Szene (1896) hat die sprachlose Philomela die Geschichte ihrer Vergewaltigung in das Tuch eingewebt, das hinter ihr zu sehen ist.

herausgerissen, sondern ihr werden auch die Hände abgeschnitten). Die klügsten antiken Theoretiker der Rhetorik waren bereit einzuräumen, dass die besten männlichen Techniken der rhetorischen Überzeugung den weiblichen Verführungstechniken (wie sie diese sahen) unangenehm ähnelten. War also, so fragten sie sich, die Redekunst wirklich so eindeutig männlich?

Eine besonders blutige Anekdote veranschaulicht auf lebendige Weise die nicht endenden Kriege zwischen den Geschlechtern, die unter der Oberfläche des antiken öffentlichen Lebens und Redens ausgetragen wurden. Im Verlauf der römischen Bürgerkriege, die nach Julius Cäsars Ermordung im Jahr 44 v. Chr. ausgebrochen waren, wurde Marcus Tullius Cicero – der in der römischen Welt einflussreichste öffentliche Redner und Debattierer aller Zeiten – gelyncht. Die Killer brachten Ciceros Kopf und Hände triumphierend nach Rom und nagelten sie, für alle sichtbar, an die Rednertribüne auf dem Forum. Da, so heißt es, kam Fulvia des Wegs, die Frau des Marcus Antonius, der das Opfer einiger der schlimmsten Polemiken Ciceros gewesen war. Als sie dessen Kopf und Hände sah, löste sie ihre Haarnadeln und stach mit ihnen immer wieder auf die Zunge des Toten ein. Es ist ein verstörendes Bild: Eines der typisch weiblichen Schmuckstücke, die Haarnadel, wird gegen die Produktionsstätte männlicher Rede als Waffe eingesetzt – Fulvia als eine Art umgekehrter Philomela.

Worauf ich hier hinweise, ist eine selbstkritische antike Tradition: Keine, die das von mir skizzierte Grund-

12 In den 1880er Jahren bot Pawel Swedomski eine schier unerträgliche erotische Version der Fulvia: Sie ergötzt sich an Ciceros Haupt, das sie offenbar mit nach Hause genommen hatte.

muster direkt in Frage stellt, aber eine, die entschlossen ist, ihre Konflikte und Paradoxien offenzulegen und das Wesen und die Absicht des Sprechens, des männlichen wie des weiblichen, weiter zu hinterfragen. Wir sollten uns vielleicht daran orientieren und versuchen, die von uns gern verdrängten Fragen – nämlich wie wir in der Öffentlichkeit reden und wessen Stimme warum geeignet ist – an die Oberfläche zu bringen. Was wir brauchen, ist eine etwas altmodische Bewusstseinsbildung hinsichtlich dessen, was wir mit der »Stimme der Autorität« meinen und wie wir darauf gekommen sind, eine solche zu konstruieren. Das müssen wir herausfinden, bevor wir uns überlegen, wie wir als moderne Penelope unserem eigenen Telemachos in die Parade fahren könnten – oder einfach beschließen, Miss Triggs einige Haarnadeln zu leihen.

FRAUEN AN DER MACHT

IM JAHR 1915 veröffentlichte Charlotte Perkins Gilman eine witzige, aber irritierende Geschichte mit dem Titel *Herland (Ihrland)*. Wie der Name bereits andeutet, handelt es sich um eine phantastische Geschichte über ein Volk von Frauen – und zwar ausschließlich von Frauen –, das seit 2000 Jahren in einem entfernten, noch unerforschten Teil der Erde beheimatet ist. Diese Frauen leben in einer herrlichen Utopie: sauber und ordentlich, gemeinschaftlich, friedlich – selbst die Vögel werden nicht mehr von den Katzen getötet –, in allem hervorragend organisiert, angefangen mit der nachhaltigen Landwirtschaft und ihren köstlichen Früchten bis zu den sozialen Diensten und der Erziehung. All dies beruht auf einer wundersamen Innovation. Gleich am Anfang von Herlands Geschichte war es den Gründermüttern irgendwie gelungen, die Technik der Jungfrauengeburt zu perfektionieren. Die praktischen Details sind ein wenig unklar, aber die Frauen brachten tatsächlich nur Mädchen zur Welt, ohne dass Männer irgendeinen Anteil daran hatten. In Herland gab es keinen Sex.

Der Roman handelt davon, wie diese Welt in Unordnung gerät, als sie von drei Amerikanern entdeckt

13 Dieses Cover von *Herland* fängt die seltsame utopische Phantasie von Gilmans Roman ein – dieser enthält auch Elemente des Rassismus und der Eugenik des frühen 20. Jahrhunderts.

wird: Vandyck Jennings, der sympathische Erzähler, Jeff Margrave, ein Mann, dessen Galanterie angesichts all dieser Damen ihm fast zum Verhängnis wird, sowie der wirklich entsetzliche Terry Nicholson. Bei ihrer Ankunft kann Terry nicht glauben, dass es nicht irgendwo ein paar Männer geben sollte, welche die Fäden ziehen, denn wie wäre es vorstellbar, dass Frauen irgendetwas zustande bringen? Als er schließlich akzeptieren muss, dass sie genau das tun, kommt er zu dem Schluss, dass Herland etwas Sex und etwas männliche Herrschaft gebrauchen könne. Die Geschichte endet damit, dass Terry kurzerhand ausgewiesen wird, nachdem einer seiner Versuche (im Schlafzimmer), etwas männliche Herrschaft zu etablieren, schrecklich schiefgelaufen ist.

Die Erzählung verwendet alle möglichen Formen der Ironie. Ein Scherz, den Perkins Gilman ständig wiederholt, ist, dass die Frauen ihre eigenen Leistungen schlichtweg nicht zu würdigen wissen. Sie haben ohne fremde Hilfe einen exemplarischen Staat geschaffen, einen, auf den sie stolz sein können. Aber ihren drei ungebetenen männlichen Besuchern gegenüber, die irgendwo im Spektrum zwischen rückgratlosem Schwächling und Dreckskerl einzuordnen sind, neigen sie dazu, sich der Kompetenz, dem Wissen und der Erfahrung der Männer zu beugen, und die männliche Welt draußen erfüllt sie mit einer gewissen Ehrfurcht. Obwohl sie eine Utopie geschaffen haben, glauben sie, sie hätten alles vermasselt.

Aber *Herland* weist auf noch zentralere Fragen hin:

Was verstehen wir unter weiblicher Macht? Was hat es auf sich mit den manchmal komischen, manchmal erschreckenden Geschichten, die wir uns über diese Macht erzählen – und uns, zumindest im Westen, seit Tausenden von Jahren erzählt haben? Wie kommt unser Blick auf jene Frauen zustande, die Macht ausüben oder es versuchen? Was sind die kulturellen Grundlagen der Frauenfeindlichkeit und ihrer Formen in der Politik oder am Arbeitsplatz? Um welche Art von Frauenfeindlichkeit handelt es sich, gegen was oder wen ist sie gerichtet, welche Worte oder Bilder werden mit welchen Auswirkungen verwendet? Wie und warum schließen die konventionellen Definitionen von »Macht« (oder auch »Wissen«, »Kompetenz« und »Autorität«), die wir in unseren Köpfen herumtragen, die Frauen aus?

Glücklicherweise gibt es in Positionen, die wir wahrscheinlich einhellig als »Machtpositionen« ansehen würden, jetzt mehr Frauen als vor zehn oder gar vor 50 Jahren. Ob als Politikerinnen, Stadträtinnen, Polizeikommissarinnen, Managerinnen, Geschäftsführerinnen, Richterinnen oder was auch immer sind sie zwar nach wie vor klar in der Minderheit – aber sie sind *mehr* geworden. (Um nur eine Zahl anzuführen: In den 1970er Jahren waren etwa vier Prozent der britischen Parlamentsmitglieder Frauen, jetzt sind es ungefähr 30 Prozent.) Allerdings ist, so meine grundsätzliche Überzeugung, unser mentales, kulturelles Modell einer mächtigen Persönlichkeit weiterhin eindeutig männlich. Wenn wir die Augen schließen und versuchen, uns das Bild eines Präsidenten oder – um ein Beispiel aus der Wissensgesellschaft zu nehmen – eines Professors vorzustellen, sehen die meisten von uns keine Frau. Und das ist sogar dann der Fall, wenn man selbst Professorin *ist:* Das kulturelle Stereotyp ist so stark, dass es *mir* bei jenen Phantasien mit geschlossenen Augen immer noch schwerfällt, mir *mich* oder jemanden wie mich in dieser Rolle vorzustellen. Ich habe den Begriff »cartoon professor« bei Google UK Images eingegeben: »cartoon professor«, um sicherzustellen, dass meine Suche dem kulturellen Modell galt, also den imaginären, nicht den wirklichen Professoren; und mit der Suche bei Google »UK« (Großbritannien) wollte ich die leicht andere US-amerikanische Definition von »professor« ausschließen. Von den ersten 100 Personen, die angezeigt wurden, war nur eine, Professor Holly von der Pokémon-Farm, weiblich.

Um es andersherum auszudrücken: Wir haben kein Modell für das Erscheinungsbild einer mächtigen Frau, außer dass sie ziemlich männlich aussieht. Die standardmäßigen Hosenanzüge oder zumindest Hosen, die so viele führende westliche Politikerinnen von Angela Merkel bis Hillary Clinton tragen, mögen bequem und praktisch sein. Sie mögen die Weigerung signalisieren, zur Modepuppe zu werden, ein Schicksal, das so vielen Ehefrauen von Politikern nicht erspart bleibt. Sie sind jedoch auch – ebenso wie die tiefere Stimme – eine simple Taktik, um das Weibliche männlicher wirken zu lassen und besser an die Rolle der Macht anzupassen.

Elizabeth I. (oder wer auch immer ihre berühmte Rede erfunden hat) wusste genau, worum es ging, als sie sagte, sie habe »das Herz und den Mut eines Königs«. Und es war jene Kluft zwischen Frauen und Macht, welche die Parodien auf den ehemaligen Pressesprecher des Weißen Hauses, Sean Spicer, die Melissa McCarthy in *Saturday Night Live* zum Besten gab, so effektvoll machten. Angeblich ärgerte sich Präsident Trump über diese Parodien mehr als über die meisten anderen ihn und seine Regierung attackierenden Satiren, da er es nach Auskunft einer »der ihm nahestehenden Quellen« »nicht leiden kann, wenn seine Männer als schwach erscheinen«. Das bedeutet, wenn man es dekodiert, dass er es nicht mag, wenn seine Männer von und als Frauen parodiert werden. Schwachheit geht mit dem weiblichen Geschlecht einher.

Daraus folgt, dass Frauen noch immer so wahrgenommen werden, als würden sie sich außerhalb der Macht befinden. Man kann sich aufrichtig wünschen, dass sie ins Innere der Macht gelangen, gleichzeitig aber werden Frauen auf unterschiedliche, häufig unbewusste Weise als Eindringlinge dargestellt, wenn sie es denn schaffen. (Ich erinnere mich noch an ein Cambridge, wo in den meisten Colleges die Frauen-Klos im Keller versteckt und nur über zwei Höfe, einen Korridor und eine Treppe erreichbar waren. Steht dahinter eine Botschaft?, fragte ich mich.) Aber in jedem Fall unterstreichen unsere gängigen Metaphern für den weiblichen Zugang zur Macht – »an die Tür klopfen«,

14 Ein gemeinsamer Auftritt von Angela Merkel und Hillary Clinton in der Uniform weiblicher Politiker.

»die Festung stürmen«, »die gläserne Decke zerschlagen« oder schlicht: ihnen »auf die Sprünge« helfen – die weibliche Exteriorität. Frauen befinden sich außerhalb der Macht, *sind* sie an der Macht, reißen sie angeblich Schranken nieder, oder aber sie nehmen sich etwas, zu dem sie nicht ganz befugt sind.

Im Frühjahr 2017 hat eine Schlagzeile der *Times* dies wunderbar eingefangen. Über einem Artikel, der davon berichtete, dass Frauen demnächst Chefin von Scotland Yard, Vorsitzende des BBC-Aufsichtsrats und Bischöfin von London werden könnten, stand zu lesen: »Frauen greifen in Kirche, Polizei und BBC nach der Macht«. (Nur im Fall von Cressida Dick, der Chefin von Scotland Yard, hat sich diese Voraussage bewahrheitet.) Natürlich werden die Verfasser von Schlagzeilen dafür bezahlt, Aufmerksamkeit zu erregen. Dennoch ist die Idee, die Aussicht einer Frau auf das Bischofsamt in London als »Griff nach der Macht« zu bezeichnen – sowie die Tatsache, dass Tausende von Lesern und Leserinnen wahrscheinlich nicht mit der Wimper gezuckt haben, als sie das lasen –, ein sicheres Indiz dafür, dass wir einen sehr viel genaueren Blick auf unsere kulturellen Annahmen hinsichtlich der Beziehung von Frauen zur Macht werfen müssen. Betriebskindergärten, familienfreundliche Arbeitszeiten, Betreuungsprogramme und alle jene praktischen Dinge sind äußerst hilfreich, aber nur ein Teil dessen, was wir brauchen. Wenn wir den Frauen – und nicht nur einigen zielstrebigen Einzelpersonen – zu ihrem Platz innerhalb der Machtstrukturen verhelfen wollen, müssen wir intensiver darüber nachdenken, wie und warum wir so denken, wie wir es tun. Wenn es ein kulturelles Muster gibt, das Frauen von der Macht fernhält, wie genau sieht es aus, und woher haben wir es?

Hier kann es nützlich sein, zunächst einmal über die klassische Welt nachzudenken. Häufiger, als es uns bewusst sein dürfte, verwenden wir, manchmal auf durchaus schockierende Weise, noch immer Redewendungen der alten Griechen, um mächtige und machtlose Frauen zu beschreiben. Auf den ersten Blick gibt es im Mythos und in den Erzählungen der Griechen ein eindrucksvolles Aufgebot an starken weiblichen Charakteren. Im wirklichen Leben aber hatten die antiken Frauen keine formalen politischen Rechte und eine herzlich geringe wirtschaftliche oder gesellschaftliche Unabhängigkeit. In manchen Städten, wie etwa in Athen, waren »respektable« verheiratete Frauen der Elite selten außerhalb des Hauses zu sehen. Doch die griechische Vorstellungskraft im Allgemeinen und das athenische Drama im Besonderen hat *unserer* Phantasie eine Reihe unvergesslicher Frauen geschenkt: Medea, Klytaimnestra, Antigone und viele andere mehr.

Sie sind jedoch keine Rollenvorbilder – weit gefehlt. Meistens werden sie als Personen dargestellt, die die Macht eher missbrauchen, als dass sie sie sinnvoll nutzen. Sie eignen sich die Macht rechtswidrig an, und die Folge davon sind Chaos, das Zerbrechen des Staates, Tod und Zerstörung. Es sind monströse hybride

Wesen, die nach griechischer Auffassung überhaupt keine Frauen sind. Die unausweichliche Logik ihrer Geschichte besagt, dass sie entmachtet und wieder auf ihren Platz verwiesen werden müssen. *De facto* ist es das unbestreitbare Durcheinander, das Frauen im griechischen Mythos mit der Macht anrichten, das ihren Ausschluss von der Macht im wirklichen Leben gerechtfertigt und die Herrschaft der Männer legitimiert hat. (Für mich liegt der Gedanke nahe, dass Perkins Gilman diese Logik ein wenig parodierte, als sie die Frauen von Herland glauben ließ, sie hätten alles vermasselt.)

In einem der frühesten griechischen Dramen, die der Nachwelt überliefert sind, in Aischylos' *Agamemnon*, 458 v. Chr. zum ersten Mal aufgeführt, ist es die Antiheldin Klytaimnestra, die jene Ideologie auf schreckliche Weise veranschaulicht. In der Tragödie wird sie, während ihr Ehemann im Trojanischen Krieg kämpft, zur mächtigen Herrscherin ihrer Stadt und verliert als solche ihre Weiblichkeit. Bei ihrer Schilderung greift Aischylos immer wieder auf männliche Begriffe und eine maskuline Sprache zurück. In den allerersten Versen etwa wird ihr Charakter als *androboulon* beschrieben – ein Wort, das sich kaum genau übersetzen lässt, aber so etwas wie »männlich entschlossen« oder »wie ein Mann denkend« bedeutet. Und natürlich wird die Macht, auf die Klytaimnestra rechtswidrig Anspruch erhebt, auf destruktive Weise genutzt, wenn sie den gerade heimgekehrten Agamemnon im häuslichen Bad umbringt. Die patriarchalische Ordnung wird erst wie-

15 Frederic Leightons statuenhafte Darstellung der Klytaimnestra – in schweren Waffen und geschlechtsneutraler Kleidung – aus dem späten 19. Jahrhundert verweist auch auf ihre maskuline Seite.

derhergestellt, als Klytaimnestras Kinder sich zu ihrer Ermordung verschwören.

Eine ähnliche Logik findet sich in den Geschichten jenes mythischen Volks der Amazonen, das nach Auskunft griechischer Autoren irgendwo an den nördlichen Grenzen ihrer Welt beheimatet war. Sie waren ein gewalttätiger und militaristischer Haufen, anders als die friedlichen Bewohnerinnen von Herland, und für die zivilisierte Welt Griechenlands und der griechischen Männer stellte dieses monströse Heer eine ständige Bedrohung dar. Enorm viel moderne feministische Energie wird noch immer mit dem Versuch vergeudet, die einstige Existenz dieser Amazonen zu beweisen, verbunden mit all den verführerischen Möglichkeiten einer historischen Gesellschaft, die tatsächlich von und für Frauen regiert wurde. Ein schöner Traum! Denn die bittere Wahrheit ist: Die Amazonen waren ein griechischer männlicher Mythos. Die einzig gute Amazone, so lautete die Grundbotschaft, war eine tote oder – um auf den entsetzlichen Terry zurückzukommen – eine, die im Schlafzimmer gebändigt worden war. Dem lag der Gedanke zugrunde, dass es die Pflicht des Mannes sei, die Zivilisation vor der Herrschaft von Frauen zu bewahren.

Gelegentlich begegnen uns durchaus Beispiele, die den Eindruck erwecken könnten, es gebe auch eine positivere Version antiker weiblicher Macht. Ein fester Bestandteil des modernen Bühnenrepertoires ist Aristophanes' Komödie *Lysistrata*, die nach ihrer weiblichen

16 Der Konflikt zwischen den Amazonen und den Griechen schmückt eine athenische Vase aus dem 5. Jahrhundert v. Chr. Die Amazonen tragen hier das antike Gegenstück zu gemusterten »Einteilern« bzw. raffinierte Tuniken und Leggins. Ein antiker Betrachter würde in dieser Art der Kleidung einen Hinweis auf die realen Feinde der Griechen sehen, die Perser.

17 Liebe auf den letzten Blick. Auf dieser athenischen Vase aus dem 6. Jahrhundert v. Chr. tötet der griechische Held Achill Penthesilea, die Königin der Amazonen – als er sie mit seiner Lanze durchbohrt, verlieben sie sich ineinander. Zu spät.

Hauptfigur benannt ist. Geschrieben im ausgehenden 5. Jahrhundert v. Chr., ist das Stück noch immer sehr beliebt, wirkt es doch wie eine perfekte Mischung aus anspruchsvoller Altertumswissenschaft, resolutem Feminismus, einem Antikriegsprogramm und einigen eingestreuten Obszönitäten (eine Übersetzung stammt von der Feministin Germaine Greer). Es ist die Geschichte eines Sex-Streiks, die nicht in der Welt des Mythos, sondern in der damaligen Welt des antiken Athens angesiedelt ist. Unter Lysistratas Leitung versuchen die Frauen, ihre Männer dazu zu zwingen, den langjährigen Krieg mit Sparta zu beenden, indem sie sich weigern, vor Ende des Krieges mit ihnen zu schlafen. Die meiste Zeit spazieren die Männer mit enorm lästigen Erektionen durch das Stück (was heute in der Kostümabteilung einige Schwierigkeiten und große Heiterkeit hervorruft). Schließlich geben sie, unfähig, ihre Unannehmlichkeiten noch länger zu ertragen, den Forderungen der Frauen nach und schließen Frieden. Frauenpower in Reinkultur, könnte man denken. Auch Athene, die Schutzgöttin der Stadt, wird oft als positives Beispiel aufgeboten. Ist die schlichte Tatsache ihres Frauseins nicht ein Hinweis auf eine nuanciertere Version der imaginären Sphäre weiblichen Einflusses?

Ich fürchte, das ist nicht der Fall. Wenn man nämlich ein wenig an der Oberfläche kratzt und in den Kontext des 5. Jahrhunderts zurückgeht, zeigt sich ein ganz anderes Bild der *Lysistrata*. Nicht nur, dass entsprechend den athenischen Gepflogenheiten Publikum und

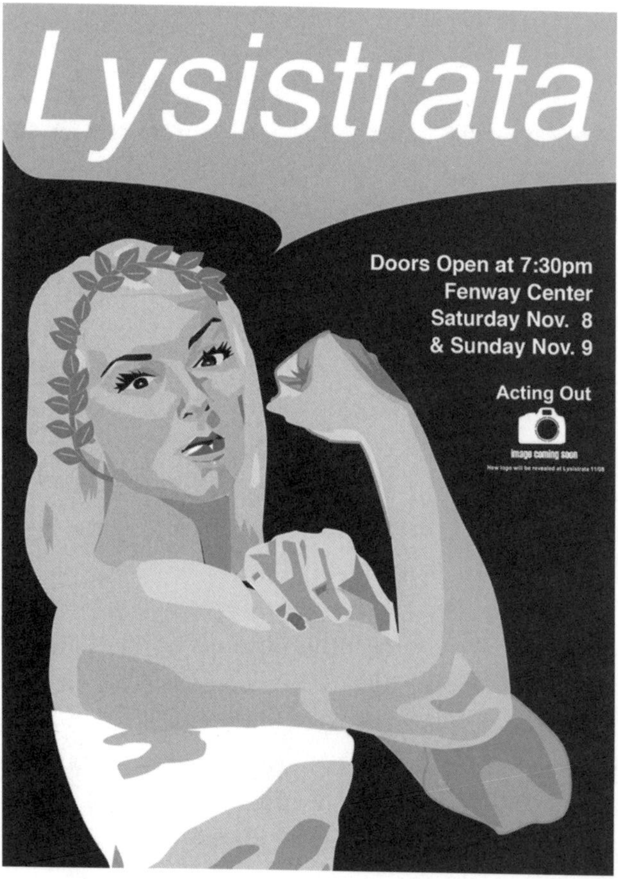

18 Auf diesem Plakat für eine *Lysistrata*-Aufführung im Jahr 2015 ist das berühmte Bild »Rosie the Riveter« (jene Figur, mit der das US-Kriegsministerium 1941 Frauen für die Rüstungsindustrie anwerben wollte) mit dem einer klassischen Griechin kombiniert – so soll das Ganze feministisch aufgepeppt werden.

19 Die Erektionen der sexuell ausgehungerten Männer stellen für moderne *Lysistrata*-Inszenierungen häufig ein Problem dar. Hier sieht man die Lösung einer neueren Inszenierung: die verlängerte Spritzflasche.

Schauspieler ausschließlich aus Männern bestanden – auch die weiblichen Charaktere wurden von Männern verkörpert. Tatsache ist zudem, dass der Phantasie von Frauenmacht schließlich ein nachhaltiges Ende gesetzt wird. In der letzten Szene besteht das Friedensabkommen darin, dass eine nackte Frau auf die Bühne gebracht wird (oder ein Mann, der irgendwie als nackte Frau verkleidet ist). Diese wird behandelt, als sei sie eine Landkarte Griechenlands, und auf peinlich pornographische Weise metaphorisch zwischen den Männern von Athen und Sparta aufgeteilt. Von Proto-Feminismus ist hier nicht viel zu spüren.

Was Athene angeht, so ist es richtig, dass sie in jenen binären Listen antiker griechischer Götter und Göttinnen, die in modernen Lehrbüchern abgedruckt sind (»Zeus, König der Götter; Hera, Zeus' Ehefrau«), auf der weiblichen Seite erscheint. Doch im antiken Kontext ist entscheidend, dass auch sie eine jener schwierigen hybriden Gestalten ist. Nach griechischer Vorstellung ist sie keine Frau. Zunächst einmal ist sie wie ein Krieger gekleidet, obwohl der Kampf ausschließlich den Männern vorbehalten war (ein Problem, das natürlich auch die Amazonen betrifft). Außerdem ist sie Jungfrau, während die *raison d'être* des weiblichen Geschlechts darin bestand, dem Staat neue Bürger zu schenken. Und sie selbst war nicht einmal von einer Mutter geboren worden, sondern direkt dem Haupt ihres Vaters Zeus entsprungen. Es ist fast so, als würde Athene, ob Frau oder nicht, einen Blick auf eine ideale

20 Diese römische Miniatur, eine Kopie des Standbilds der Göttin Athene im Parthenon, zeigt deren männliche Seiten, vom Schild und von der Brustplatte bis zur Statuette des (militärischen) Sieges, die sie in der Hand hält. In der Mitte der Brustplatte sieht man das Haupt der Medusa.

männliche Welt gestatten, in der Frauen nicht nur an ihrem Platz gehalten werden konnten, sondern auch gänzlich überflüssig waren.

Die Sache ist einfach, aber wichtig: Soweit wir in der westlichen Geschichte zurückschauen können, gibt es eine radikale – reale, kulturelle und imaginäre – Separierung der Frauen von der Macht. Und an Athenes Kleidung gibt es ein Detail, das diese Trennung auch heute noch sichtbar werden lässt. Bei den meisten Darstellungen der Göttin befindet sich auf der Brustplatte, genau in der Mitte ihrer Rüstung, das Bild eines weiblichen Kopfes mit sich windenden Schlangenhaaren. Dabei handelt es sich um das Haupt der Medusa, einer der drei sagenhaften Schwestern, der sogenannten Gorgonen. Es war eines der stärksten antiken Symbole dafür, dass die Männer die destruktiven Gefahren beherrschten, die mit weiblicher Macht verbunden sein konnten. Es ist kein Zufall, dass Medusa enthauptet ist – ihr Kopf wird von Athene, dieser entschieden unweiblichen weiblichen Gottheit, als Accessoire stolz zur Schau gestellt.

Die Geschichte der Medusa ist in zahlreichen antiken Varianten überliefert. In einer berühmten Fassung wird sie als wunderschöne Frau von Poseidon in einem Tempel der Athene vergewaltigt, die sie zur Strafe für das Sakrileg (man beachte: Nicht er wird bestraft, sondern *sie*) sogleich in ein Ungeheuer verwandelt, das die todbringende Fähigkeit besitzt, jeden, der ihr ins Angesicht schaut, zu Stein erstarren zu lassen. Später wird

21 Auf dieser athenischen Vase des 6. Jahrhunderts v. Chr. entspringt Athene in einer wundersamen Geburt direkt dem Kopf des Zeus, während andere Götter und Göttinnen dabei zuschauen. Der scheinbar verrückte griechische Mythos verweist auf einen wichtigen und unangenehmen Punkt: In einer vollkommenen Welt wären Frauen sogar für die Fortpflanzung entbehrlich.

der Held Perseus mit der Aufgabe betraut, diese Frau zu töten. Es gelingt ihm, ihr das Haupt abzuschlagen, indem er seinen glänzenden Schild als Spiegel verwendet und auf diese Weise vermeidet, sie direkt ansehen zu müssen. Zuerst benutzt er den Kopf als Waffe, da dieser selbst im Tod noch Menschen in Stein verwandeln kann. Später übergibt er ihn der Athene, die ihn auf ihrer eigenen Rüstung zur Schau stellt (wobei eine Botschaft lautet: Hüte dich davor, die Göttin zu direkt anzuschauen).

Es braucht gewiss keinen Sigmund Freud, um zu erkennen, dass jene schlangenförmigen Locken einen Anspruch auf phallische Macht implizieren. In diesem klassischen Mythos wird die Dominanz des Männlichen gegenüber der unrechtmäßigen Macht der Frau nachdrücklich bekräftigt. Und in diesem Sinn haben sich die abendländische Literatur, Kultur und Kunst immer wieder auf ihn bezogen. Häufig wurde in der Bildenden Kunst der Neuzeit das blutende Haupt der Medusa dargestellt, und oft wurde dabei die Frage aufgeworfen, wie der Künstler ein Objekt darzustellen vermag, das niemand ansehen darf. Im Jahr 1598 präsentierte Caravaggio eine außergewöhnliche Version des abgeschlagenen Kopfes, dem er angeblich seine eigenen Gesichtszüge verliehen hatte: ein Schrei des Entsetzens, Ströme von Blut und sich windende Schlangen. Ein paar Jahrzehnte zuvor schuf Cellini eine große Bronzestatue des Perseus, die noch heute auf der Piazza della Signoria in Florenz zu sehen ist: Der Held

22 Heroischer Triumph oder sadistische Frauenfeindlichkeit? Benvenuto Cellinis Statue zeigt einen Perseus, der das abgeschlagene Haupt der Medusa in die Höhe hält, während er auf ihrem toten Körper steht. Die Statue passt gut zu der Skulptur im Hintergrund: Der griechische Held Achill entführt gewaltsam eine trojanische Prinzessin.

steht auf dem verstümmelten Körper der Medusa und hält ihr Haupt, aus dem eine blutige klebrige Masse fließt, in die Höhe.

Diese Enthauptung, und das ist außergewöhnlich, dient bis heute als kulturelles Symbol für den Widerstand gegen die Macht der Frauen. So wurden Angela Merkels Gesichtszüge immer wieder über Caravaggios Bild gelegt. Bei einem der dümmeren Vergleiche dieser Art wurde Theresa May während ihrer Zeit als Innenministerin in einer Kolumne der Zeitschrift der Police Federation (britische Polizeigewerkschaft) einmal als die »Medusa von Maidenhead« bezeichnet. »Der Medusa-Vergleich könnte ein wenig übertrieben sein«, lautete die Reaktion des *Daily Express*. »Wir alle wissen, dass Mrs May immer eine sehr schöne Frisur hat.« Und eine Karikatur, die 2017 auf dem Parteitag der Labour Party kursierte, zeigte ein Bild der »Maydusa«, einschließlich der Schlangen und allem anderen. Theresa May kam aber noch gut davon verglichen mit Dilma Rousseff, die es deutlich härter traf, als sie als Präsidentin von Brasilien in São Paulo eine große Caravaggio-Ausstellung eröffnen musste. Die *Medusa* war natürlich Teil der Ausstellung, und die vor dem Gemälde stehende Rousseff erwies sich als unwiderstehliches Fotomotiv.

Bei Hillary Clinton findet das Medusa-Thema jedoch seinen stärksten und widerlichsten Ausdruck. Wie nicht anders zu erwarten entwarfen die Anhänger Donald Trumps zahlreiche Bilder, die sie mit schlangenähnlichen Locken darstellten. Doch das grässlichste und denkwürdigste von ihnen orientierte sich an Cellinis Bronze. Sie war eine deutlich geeignetere Vorlage als das Gemälde Caravaggios, da hier nicht nur der Kopf, sondern auch der heroische männliche Gegner und Mörder gezeigt wird. Man musste lediglich Trumps Gesicht über das des Perseus legen und den abgeschlagenen Kopf mit Clintons Gesichtszügen versehen. (Aus Geschmacksgründen wurde, so vermute ich, auf den verstümmelten Körper der Medusa verzichtet.) Wenn man einige der dunkleren Winkel des Internet – und sie sind wirklich sehr dunkel – durchforstet, kann man sicher auch etliche sehr unerfreuliche Bilder Obamas finden. Wahr ist auch, dass in einer Satire des US-Fernsehens der abgeschlagene Kopf Donald Trumps gezeigt wurde, was allerdings dazu führte, dass die betreffende Komikerin ihren Job verlor. Doch die Szene mit Perseus-Trump, der Medusa-Clintons bluttriefenden Kopf schwenkte, wurde zu einem Teil der alltäglichen amerikanischen Bilderwelt. Die Darstellung wurde auf T-Shirts und Tankdeckeln, auf Kaffeebechern, Laptop-Hüllen und Tragetaschen vermarktet (manchmal mit TRIUMPH, manchmal mit TRUMP als Bildtitel). Vielleicht braucht es einige Augenblicke, um diese Normalisierung geschlechtsspezifischer Gewalt zu begreifen. Doch falls jemand bezweifeln sollte, dass der Ausschluss der Frauen von der Macht kulturell sehr tief verankert ist, oder nicht recht glauben will, dass die klassischen Methoden, diesen Ausschluss zu formulieren und zu rechtfertigen, weiterhin erfolgreich sind –

dann verweise ich ihn auf Trump und Clinton, Perseus und Medusa und beende damit meine Beweisführung.

Doch es reicht natürlich nicht, es bei der Beweisführung bewenden zu lassen, ohne zu sagen, was wir gegen all das tun könnten. Was wäre erforderlich, damit Frauen wieder ins Innere der Macht gelangen? Hier müssen wir meines Erachtens zwischen der individuellen und einer den Frauen gemeinsamen allgemeineren Perspektive unterscheiden. Wenn wir auf einige Frauen schauen, die es »geschafft« haben, können wir sehen, dass die Taktiken und Strategien hinter ihrem Erfolg sich nicht einfach darauf beschränken, männliche Verhaltensweisen nachzuahmen. Etwas, was viele dieser Frauen gemeinsam haben, ist die Fähigkeit, die Symbole, die Frauen für gewöhnlich entmündigen, zu ihrem eigenen Vorteil zu nutzen. Margaret Thatcher scheint dies mit ihren Handtaschen perfekt gelungen zu sein, denn das stereotypischste weibliche Accessoire wurde zu einem Verb für rücksichtslose politische Machtausübung: »to handbag«. Auf einer weitaus niedriger anzusiedelnden Ebene habe ich etwas Ähnliches getan, als ich (zufällig zu Thatchers Glanzzeit) zu meinem ersten Vorstellungsgespräch für einen akademischen Job eingeladen war: Speziell zu diesem Anlass kaufte ich mir ein Paar blaue Strumpfhosen. Das war nicht die übliche Art, mich zu kleiden, aber die Logik dahinter tat mir gut: »Ihr Interviewer haltet mich wohl für einen ausgewiesenen Blaustrumpf? Dann zeig ich

23 Caravaggios Haupt der Medusa wird immer wieder kopiert, um die »Enthauptung« von Politikerinnen ins Bild zu setzen. Hier werden Angela Merkel und Hillary Clinton als Medusa dargestellt.

24 Unangenehme Erinnerungen? Bei den US-Präsidentschaftswahlen des Jahres 2016 standen den Anhängern Donald Trumps zahlreiche klassische Bilder zur Verfügung. Keines war so prägnant wie dieses Bild: Trump als Perseus schlägt Hillary Clinton als Medusa den Kopf ab.

euch jetzt mal, dass ich *weiß*, was ihr denkt, *und* dass ich euch einen Schritt voraus bin.«

Was Theresa May angeht, so ist es noch zu früh für ein abschließendes Urteil, doch mit zunehmender Wahrscheinlichkeit werden wir eines Tages auf sie zurückschauen als eine Frau, die mit der Macht betraut – und an der Macht gehalten – wurde, um zu scheitern. (Hier muss ich sehr an mich halten, sie nicht mit Klytaimnestra zu vergleichen.) Ich habe jedoch das starke Gefühl, dass sie mit ihrem »Schuh-Tick« und ihren Kitten Heels zeigen will, dass sie sich weigert, dem männlichen Muster zu entsprechen. Auch sie ist, ähnlich wie Margaret Thatcher, ziemlich gut darin, die Schwachstellen im Arsenal männlicher Tories auszunutzen. Die Tatsache, dass sie nicht zu der Welt der Jungs gehört, die Mitglieder in einem Club sind, dass sie nicht »einer der Burschen« ist, hat ihr manchmal geholfen, sich auf ihre eigenen Stärken zu verlassen. Sie hat den Ausschluss genutzt, um sich Macht und Freiheit zu sichern. Und sie ist bekanntlich allergisch gegenüber »mansplaining«, also Männern, die Frauen etwas erklären, von dem diese mehr Ahnung haben als sie selbst.

Viele Frauen könnten diese Perspektiven teilen und Tricks wie diese übernehmen. Aber die großen Probleme, die anzugehen ich versucht habe, werden nicht dadurch gelöst, dass man Tipps gibt, wie sich aus dem Status quo Kapital schlagen lässt. Geduld ist, wie ich meine, auch keine Antwort, obwohl es höchstwahrscheinlich allmählich zu einer Veränderung kommen

25 Margaret Thatcher »erschlägt« mit ihrer Handtasche einen ihrer Minister, den unglücklichen Kenneth Baker.

wird. Angesichts der Tatsache, dass die Frauen in diesem Land erst seit 100 Jahren wählen dürfen, sollten wir nicht vergessen, uns zu der Revolution zu beglückwünschen, die wir alle, Frauen und Männer, zustande gebracht haben. Wie dem auch sei, wenn ich recht habe und es festverankerte kulturelle Strukturen sind, die den Ausschluss der Frauen von der Macht rechtfertigen, dann dürfte der graduelle Wandel viel zu lange dauern – zumindest für mich. Wir müssen intensiver nachdenken über das Wesen der Macht, wozu sie dient und wie sie gemessen wird. Anders gesagt: Wenn Frauen nicht innerhalb der Machtstrukturen wahrgenommen werden, müsste dann nicht statt der Frauen die Macht neu definiert werden?

Beim Nachdenken über die Macht habe ich bisher den in Diskussionen dieser Art üblichen Weg beschritten, indem ich mein Augenmerk auf die nationale und internationale Politik und Politiker gerichtet habe. Der Vollständigkeit halber könnten wir auch noch einige Vertreter aus der üblichen Reihe der Vorstandsvorsitzenden, prominenten Journalisten, TV-Manager usw. hinzufügen. Damit wird die Macht indes sehr eng ausgelegt und weitgehend mit öffentlichem Prestige verknüpft (oder in manchen Fällen mit einem öffentlichen schlechten Ruf). Diese Version der Macht ist sehr traditionell, sie fokussiert auf den »Gipfel der Macht«, und sie entspricht dem Bild von der »gläsernen Decke«. Nicht nur, dass sie Frauen außerhalb der Macht verortet. Sie prägt auch die Vorstellung, die Pionierinnen seien alle Superfrauen, die sich bereits mit Erfolg durchgesetzt haben und nur noch von einigen letzten Resten männlicher Vorurteile von der Spitze ferngehalten werden. Ich glaube nicht, dass dieses Modell den Großteil der Frauen anspricht, die – selbst wenn sie nicht Präsidentin der USA oder Boss eines Unternehmens werden wollen – noch immer zu Recht meinen, dass sie nicht ausreichend an der Macht beteiligt sind. Und mit Sicherheit fand das Modell 2016 keinen Widerhall bei einer größeren Zahl amerikanischer Wählerinnen.

Selbst wenn wir unseren Blick auf die oberen Etagen der nationalen Politik beschränken, bleibt es sehr schwierig, den Erfolg von Frauen in jenem Bereich einzuschätzen. Es gibt zahlreiche Ranglisten, die über den Frauenanteil in den nationalen Parlamenten Auskunft geben. Ganz an der Spitze steht Ruanda, wo mehr als 60 Prozent der Mitglieder der Legislative Frauen sind, während das Vereinigte Königreich mit etwa 30 Prozent 50 Plätze tiefer rangiert. Verblüffenderweise hat der saudi-arabische Konsultativrat (der allerdings nicht gewählt, sondern vom König ernannt wird) einen höheren Frauenanteil als der US-Kongress. Es fällt schwer, diese Zahlen nicht entweder zu beklagen oder beifällig zu kommentieren. Insbesondere die Rolle der Frauen in Ruanda nach dem Bürgerkrieg wird mit Recht sehr positiv bewertet. Aber ich frage mich, ob in manchen Ländern die starke Präsenz von Frauen in den Parlamenten nicht bedeutet, dass das Parlament der Ort ist, wo die Macht gerade *nicht* angesiedelt ist.

Vermutlich machen wir uns auch selbst nicht wirklich klar, *wofür* wir uns Frauen im Parlament wünschen. Eine Reihe von Studien belegt die aktive Rolle von Politikerinnen beim Voranbringen von Gesetzen, die den Interessen der Frauen dienen (etwa in Bezug auf Kinderbetreuung, gleiche Bezahlung und häusliche Gewalt). Ein neuerer Bericht der Fawcett Society, einer britischen Frauenrechtsorganisation, verweist auf einen Zusammenhang zwischen dem 50:50-Verhältnis von Frauen und Männern in der Waliser Regionalversammlung und der Häufigkeit, mit der dort »Frauenprobleme« behandelt wurden. Ich will gewiss nicht darüber klagen, dass Kinderbetreuung und ähnliche Dinge angemessen diskutiert werden, aber ich glaube nicht, dass solche Themen weiterhin als »Frauenprobleme« angesehen werden sollten. Ebenso wenig glaube ich, dass wir uns hauptsächlich aus diesen Gründen mehr Frauen im Parlament wünschen. Die Gründe dafür sind sehr viel elementarer: Es ist eine schreiende Ungerechtigkeit, die Frauen auszuschließen, mit welchen unbewussten Methoden auch immer, und wir können es uns schlichtweg nicht leisten, auf die Kompetenz von Frauen zu verzichten, ob in der Technologie, der Wirtschaft oder der Sozialfürsorge. Wenn das bedeutet, dass dann zwangsläufig weniger Männer ins Parlament kommen – der gesellschaftliche Wandel hat immer Gewinner und Verlierer –, dann schaue ich jenen Männern gern in die Augen.

Aber auch dieser Ansatz behandelt die Macht noch

immer als etwas Elitäres, gekoppelt an das öffentliche Prestige, das individuelle Charisma einer sogenannten Führungspersönlichkeit und oftmals, wenn auch nicht immer, an einen gewissen Grad von Berühmtheit. Dabei wird die Macht zudem sehr eng ausgelegt, als etwas, das nur wenige – meist Männer – besitzen und handhaben können. (Genau das ist es, was durch das Bild eines Perseus oder eines Donald Trump, der sein Schwert schwingt, verdeutlicht wird.) Unter diesen Bedingungen sind Frauen als Geschlecht – nicht als Individuen – qua Definition von der Macht ausgeschlossen. Frauen lassen sich nicht einfach in Strukturen einpassen, die von Männern mit männlichen Vorzeichen kodiert sind. Es geht darum, die Strukturen zu ändern. Das bedeutet, dass man die Macht neu denken muss. Man muss sie vom öffentlichen Prestige abkoppeln. Man muss über die Macht als etwas Gemeinschaftliches nachdenken, nicht nur die Macht von Führern sehen, sondern auch die Macht derer, die ihnen folgen. Vor allem bedeutet es, Macht als ein Attribut, eine Zuschreibung oder ein Verb (»ermächtigen«) aufzufassen, nicht als einen Besitz. Was ich dabei im Sinn habe, ist die Fähigkeit, effektiv zu sein, etwas zu bewirken, etwas in der Welt zu verändern, und das Recht, ernst genommen zu werden, sowohl als Frauen insgesamt wie auch als Individuen. Es ist die so verstandene Macht, die viele Frauen nach ihrem eigenen Eindruck nicht haben – und die sie haben wollen. Warum hat der Begriff »mansplaining« (er setzt sich zusammen aus »man« und »explaining«) so

26 Menschen, die etwas verändern, brauchen keinen Prominentenstatus. Nur wenige kennen die Namen der Gründerinnen von Black Lives Matter: Alicia Garza, Patrisse Cullors und Opal Tometi.

große Resonanz gefunden (obwohl viele Männer ihn ganz und gar nicht mögen)? Für uns Frauen trifft der Begriff ins Schwarze, weil er exakt ausdrückt, wie es sich anfühlt, *nicht ernst genommen zu werden*: Mir geht es ein wenig so, wenn ich auf Twitter über römische Geschichte belehrt werde.

Wenn wir über das Wesen der Macht nachdenken und darüber, was sie vermag, sollten wir dann hinsichtlich einer Veränderung und einer Beteiligung der Frauen an der Macht optimistisch sein? Vielleicht ein bisschen. Ich bin beispielsweise tief davon beeindruckt, dass eine der einflussreichsten politischen Bewegungen der letzten Jahre, Black Lives Matter, von drei Frauen gegründet wurde; nur wenige von uns kennen vermutlich einen ihrer Namen, aber gemeinsam hatten sie die Macht, Dinge zu verändern.

Insgesamt ist das Bild allerdings ziemlich düster. Nirgends ist es uns auch nur annähernd gelungen, jene Geschichten, die die Macht der Männer begründen und Frauen von ihr fernhalten, umzuschreiben und sie – so wie Margaret Thatcher mit ihrer Handtasche – zu unserem eigenen Vorteil zu nutzen. Selbst ich bin immer pedantisch strikt dagegen gewesen, *Lysistrata* als ein Stück über Frauenpower zu inszenieren – auch wenn wir es heute vielleicht genau so auf die Bühne bringen *sollten*. Seit mehr als 50 Jahren dauern die feministischen Versuche an, Medusa zu einem Sinnbild weiblicher Macht zu erheben (»Laughing *with* Medusa« lautet der Titel einer neueren Aufsatzsammlung). Doch sie haben nicht

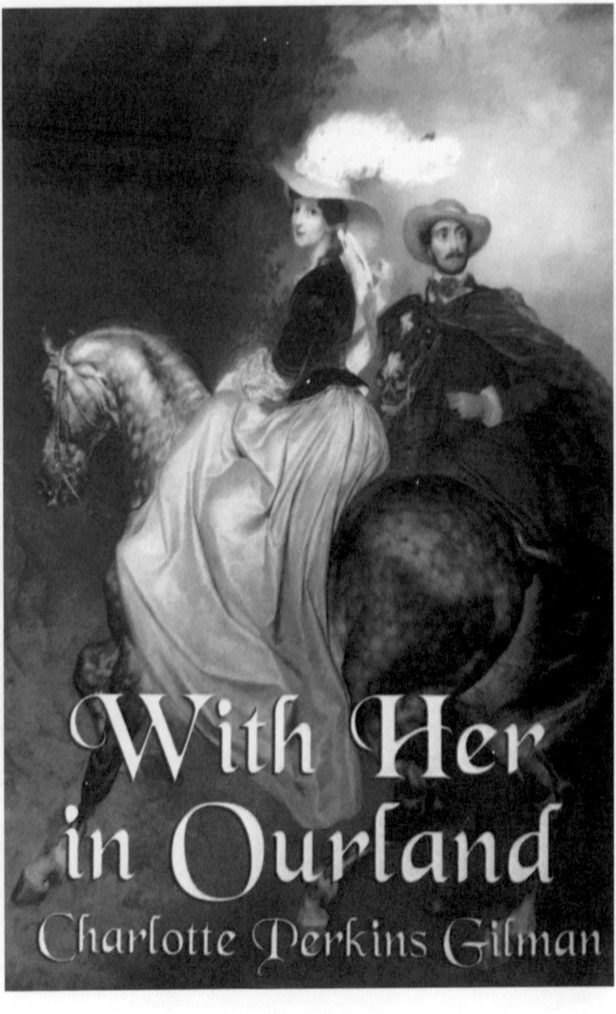

27 Das Cover einer neueren Ausgabe von *With Her in Ourland* spielt darauf an, wie die Frauen von Herland in einer Welt männlicher Macht gezähmt werden konnten.

das Geringste daran geändert (ebenso wenig wie die Verwendung der Medusa als Versace-Logo), dass man bei Angriffen auf Politikerinnen weiterhin gern auf das Bild der Medusa zurückgreift.

Die Macht jener traditionellen Narrative wird von Perkins Gilman sehr schön, wenn auch auf phantastische Weise, eingefangen. Von *Herland* gibt es nämlich eine Fortsetzung, in der Vandyck beschließt, Terry nach Ourland zurückzubegleiten und seine aus Herland stammende Frau Ellador dorthin mitzunehmen. Diese Fortsetzung trägt den Titel *With Her in Ourland*. Allerdings zeigt sich Ourland nicht von seiner besten Seite, nicht zuletzt deshalb, weil Ellador mitten im Ersten Weltkrieg dort ankommt. Nach nicht allzu langer Zeit beschließt das Paar, nachdem es Terry losgeworden ist, nach Herland zurückzukehren. Van und Ellador erwarten jetzt ein Baby, und diese zweite Erzählung – Sie werden es schon geahnt haben – schließt mit den Worten: »Als die Zeit gekommen war, wurde uns ein Sohn geboren.« Perkins Gilman muss sich bewusst gewesen sein, dass es keiner weiteren Fortsetzung bedurfte. Alle Leser und Leserinnen, die mit der Logik der westlichen Tradition vertraut waren, hätten präzise voraussagen können, wer 50 Jahre später Herland regieren würde. Jener Junge.

NACHWORT

VORTRÄGE FÜR DEN DRUCK zu überarbeiten kann eine heikle Angelegenheit sein. Soll man sich zurückhalten oder die Ausführungen noch einmal überdenken und weiter ausfeilen? Soll man versuchen, den Geist, in dem die Vorträge gehalten wurden, beizubehalten und ihre eventuellen Ecken und Kanten zu glätten? Ich habe die Gelegenheit genutzt und einige ganz kleine Aktualisierungen durchgeführt. Als ich 2014 den Vortrag hielt, der zum ersten Kapitel des Buches geworden ist, war Barack Obama noch Präsident, und im März 2017, zum Zeitpunkt des zweiten Vortrags, bot Theresa May in ihrem Amt als Premierministerin ein durchaus anderes Bild als beim Erscheinen dieses Buches (meine beiläufige Bemerkung, dass sie mit der Macht betraut worden sei, »um zu scheitern« – das stand tatsächlich in der ursprünglichen Fassung –, könnte sich als weitsichtiger erweisen, als ich es mir damals hätte träumen lassen). Ich habe aber der Versuchung widerstanden, drastische Veränderungen vorzunehmen, neue Themen einzuführen oder einige der Ideen, die hier nur angedeutet werden, ausführlich darzulegen. In Zukunft möchte ich intensiver darüber nachdenken, *wie* genau wir es angehen könnten, jene Begriffe von »Macht«, die derzeit bis auf wenige Ausnahmen alle Frauen ausschließen, neu zu konfigurieren. Und ich würde gern versuchen, die Idee der (üblicherweise männlichen) »Führungspersönlichkeit« zu sezieren, die heute als Schlüssel für erfolgreiche Institutionen gilt, angefangen bei Schulen und Universitäten bis hin zu Unternehmen und Regierungen. Doch dazu ein andermal.

Sollten Sie nach aktuellen Beispielen für die von mir erörterten Beleidigungen von Frauen suchen, werden Sie im Internet problemlos eine ganze Menge finden. Die Provokateure sind nicht besonders einfallsreich oder subtil, und auf Twitter sieht ein Shitstorm in der Regel aus wie der andere. Gelegentlich ergeben sich jedoch neue Blickwinkel, oder es lassen sich zumindest aufschlussreiche Vergleiche anstellen. So war ich sehr beeindruckt von zwei katastrophalen Radiointerviews, die im Sommer 2017 kurz vor den britischen Parlamentswahlen und unmittelbar danach von der Labour-Abgeordneten Diane Abbott und dem Tory-Politiker Boris Johnson gegeben wurden. Als es um die Kosten für die von ihrer Partei geplante Personalaufstockung bei der Polizei ging, verlor Abbott völlig die Orientierung – an einer Stelle nannte sie eine Zahl, die implizierte, jeder neue Polizeibeamte hätte ein Jahresgehalt von etwa acht Pfund bekommen. Johnson zeigte eine ähnlich peinliche und stammelnde Ignoranz hinsichtlich einiger Schlüsselvorhaben der neuen Regierung; er schien keine Ahnung zu haben von dem, was seine Partei bezüglich der Rassendiskriminierung im

Strafrechtssystem oder bezüglich des Zugangs zu höherer Bildung zu tun beabsichtigte. Entscheidend ist hier nicht die Frage, was diese »Verkehrsunfälle« verursachte (Abbott war damals sicher unpässlich). Wirklich frappierend waren die unterschiedlichen Reaktionen, ob im Internet oder anderswo.

Abbott wurde sofort »zum Abschuss freigegeben« und als »vertrottelt«, »fette Idiotin«, »saublöde Kuh« und noch weit Schlimmeres lächerlich gemacht. Zudem waren die Kommentare mit mehr als nur ein paar rassistischen Beleidigungen garniert (sie ist diejenige unter den schwarzen, weiblichen Abgeordneten, die dem britischen Parlament am längsten angehört). Die Botschaft, freundlich interpretiert, besagte, dass sie ihrem Job schlichtweg nicht gewachsen sei. Johnson musste zwar ebenfalls viel Kritik einstecken, der Stil war aber ein ganz anderer. Sein Interview wurde eher als Beispiel jugendlichen Leichtsinns gewertet: Er solle sich stärker zusammenreißen, aufhören, große Töne zu spucken, sich konzentrieren und seine Statements genauer überlegen. Mit anderen Worten, das nächste Mal solle er es besser machen. Abbotts Angreifer hingegen wollten sicherstellen, dass es für die Abgeordnete kein »nächstes Mal« gäbe (womit sie aber, wie sich herausstellte, scheiterten, da Abbott mit einer nochmals deutlich größeren Mehrheit wiedergewählt wurde).

Was immer man von Abbott oder Johnson halten mag, interessant ist, dass hier mit zweierlei Maß gemessen wurde. Dabei geht es nicht nur darum, dass es für Frauen schwieriger ist, Erfolg zu haben. Sie werden auch sehr viel härter angefasst, sollten sie einmal etwas vermasseln, wie das Beispiel Hillary Clintons und jener berüchtigten E-Mails zeigt. Würde ich dieses Buch noch einmal neu schreiben, würde ich dem *Recht* der Frauen, sich – zumindest gelegentlich – zu irren, mehr Platz einräumen.

Ich weiß nicht, ob ich dafür eine antike Parallele finden könnte. Glücklicherweise geht ja nicht alles, was wir tun oder denken, direkt oder indirekt auf die Griechen und Römer zurück. Und ich selbst betone immer wieder, dass die Geschichte der antiken Welt keine einfachen Lektionen für uns bereithält. Wir hätten wirklich nicht die unglückseligen römischen Präzedenzfälle gebraucht, um zu der Erkenntnis zu gelangen, dass moderne westliche Militärinterventionen in Afghanistan und im Irak eine schlechte Idee sein könnten. Der »Zusammenbruch« des römischen Imperiums im Westen hat uns über die Höhen und Tiefen der modernen Geopolitik wenig zu sagen. Trotzdem verhilft uns ein genauerer Blick auf Griechenland und Rom zu einem genaueren Blick auf uns selbst und zu einem besseren Verständnis davon, wie wir gelernt haben, so zu denken, wie wir es tun.

Für uns gibt es weiterhin viele Gründe, uns mit Homers *Odyssee* aufmerksam zu beschäftigen, und es wäre ein kulturelles Verbrechen, wenn wir das Epos nur läsen, um die Ursprünge der westlichen Frauenfeindlichkeit zu untersuchen. Es handelt sich um ein dichterisches Werk, das neben vielem anderen das Wesen der Zivilisation und des »Barbarentums«, der Heimkehr, Treue und Zugehörigkeit erkundet. Dennoch ist – wie dieses Buch hoffentlich zeigt – Telemachos' Zurechtweisung seiner Mutter Penelope, als sie es wagt, in der Öffentlichkeit den Mund aufzumachen, eine Zurechtweisung, die sich im 21. Jahrhundert noch immer allzu häufig wiederholt.

September 2017

QUELLEN UND WEITERFÜHRENDE LITERATUR

KAPITEL 1

Penelopes Demütigung ist in Homer, *Odyssee* 1,325–364 (hier in der Übersetzung von Anton Weiher) beschrieben. Bei Aristophanes' »witziger« Phantasie handelt es sich um die *Ekklesiazousai (Die Weibervolksversammlung)*. Die Geschichte Ios wird in Ovid, *Metamorphosen* 1, 587–641, die Geschichte Echos in *Metamorphosen* 3, 339–508 erzählt. Frauen, die in der Öffentlichkeit Reden halten, sind Thema in einer von dem römischen Autor Valerius Maximus verfassten Anthologie (*Denkwürdige Taten und Worte* 8,3). Die berühmteste Fassung von Lucretias Rede findet sich in Livius, *Römische Geschichte* 1,58. Philomelas Geschichte wird in *Metamorphosen* 6, 438–619 geschildert. Der Guru des 2. Jahrhunderts n. Chr. ist Plutarch, der sich in seinen *Vorschriften für die Ehe* 31 (= *Moralia* 142d) mit der weiblichen Stimme befasst. Zum alten römischen Schlagwort *vir bonus dicendi peritus* vgl. Quintilian, *Die Ausbildung des Redners* 12,1. Von den Implikationen der Stimmlage spricht Aristoteles in *Über die Entstehung der Tiere* 5, 7 (786b–788b) und *Physiognomonica* 2 (806b). Das Unglück des Volkes, in dem Männer wie Frauen sprechen, erörtert Dion Chrysostomos in *Rede* 33, 38. Die deutsche Übersetzung des Zitats ist nachzulesen in Dion Chrysostomos, *Sämtliche Reden*, eingeleitet, übersetzt und erläutert von Winfried Elliger, Zürich/Stuttgart 1967, 470. Zu einer weiteren Diskussion geschlechtsspezifischen Redens und Schweigens in der klassischen Welt vgl. A. P. M. H. Lardinois und Laura McClure (Hrsg.), *Making Silence Speak: Women's Voices in Greek Literature and Society*, Princeton, NJ, 2001, sowie Maud W. Gleason, *Making Men: Sophists and Self-Presentation in Ancient Rome*. Princeton, NJ, 1995.

Die Echtheit der Rede von Elizabeth I. in Tilbury ist weiterhin sehr umstritten. Einen gut begründeten skeptischen Standpunkt vertritt Susan Frye, »The Myth of Elizabeth at Tilbury«, *Sixteenth-Century Journal* 23 (1992), 95–114 (und zitiert den Standardtext; vgl. dazu auch http://www.bl.uk/learning/timeline/item102878.html). Mit dem Leben von Sojourner Truth befasst sich Nell Irvin Painter, *Sojourner Truth: a Life a Symbol*, New York 1997; die Varianten ihrer Rede finden sich online unter http://wonderwombman.com/sojourner-truth-the-different-versions-of-aint-i-a-woman/. Zum deutschen Zitat vgl. https://maedchenmannschaft.net/wer-war-sojourner-truth/. Henry James' Essay »The Speech of American Women« ist abgedruckt in Pierre A. Walker (Hrsg.), *Henry James on Culture: Collected Essays on Politics and the American Social Scene*, Lincoln und London 1999, 58–81. Zu den anderen Zitaten vgl. Richard

Grant White, *Every-Day English*, Boston 1881, 93, und William Dean Howells, »Our Daily Speech«, *Harper's Bazaar* 1906, 930–934, diskutiert von Caroline Field Levander, *Voices of the Nation: Women and Public Speech in Nineteenth-Century American Literature and Culture*, Cambridge 1998. Genaue Zahlen über das Ausmaß des Cyber-Mobbings sind bekanntlich schwer zu ermitteln, und das Verhältnis zwischen den tatsächlichen und den gemeldeten Fällen ist ein dauerhaftes Problem; aber einen nützlichen neueren Überblick mit einer ausführlichen Bibliographie bieten Ruth Lewis und andere in »Online abuse of feminists as an emerging form of violence against women and girls«, *British Journal of Criminology*, im September 2016 online veröffentlicht unter https://academic.oup.com/bjc/article-lookup/doi/10.1093/bjc/azw073.

Fulvias Verstümmelung von Ciceros Kopf ist beschrieben in Cassius Dio, *Römische Geschichte* 47, 8, 4.

KAPITEL 2

In Aischylos, *Agamemnon* 11 wird Klytaimnestra explizit als *androuboulon* charakterisiert. Adrienne Mayor, *The Amazons: Lives and Legends of Warrior Women across the Ancient World*, Princeton, NJ, 2014, liefert eine fundierte alternative Darstellung der Amazonen (die mich allerdings nicht überzeugt). Zu Germaine Greers Übersetzung der *Lysistrata* vgl. G. Greer und P. Wilmott,

Lysistrata: the Sex-Strike, London 1972; David Stuttard (Hrsg.), *Looking at Lysistrata: Eight Essays and a New Version of Aristophanes' Provocative Comedy*, London 2010, ist eine gute Einführung in die Probleme des Stücks. Eine klassische antike Fassung der Medusa-Geschichte ist in Ovid, *Metamorphosen* 4, 753–803, nachzulesen. Zu den wichtigsten Versuchen, die Geschichte der Medusa neu zu deuten, gehören H. Cixous, »The Laugh of the Medusa«, *Signs* 1 (1976), 875–893, sowie Vando Zajko und Miriam Leonard (Hrsg.), *Laughing with Medusa*, Oxford 2006. Eine nützliche Aufsatzsammlung ist Marjorie Garber und Nancy J. Vickers (Hrsg.), *The Medusa Reader*, New York und Abingdon 2003. Die Ansichten der Fawcett Society über das walisische Regionalparlament sind in einem Online-Beitrag zusammengefasst: https://humanrights. brightblue.org.uk/fawcett-soci ety-written-evidence/ (»62 Prozent der Debatten über Kinderbetreuung wurden von weiblichen Parlamentsmitgliedern initiiert, außerdem 74 Prozent der Debatten über häusliche Gewalt und 65 Prozent der Debatten über gleiche Bezahlung«).

DANK

Es war meine Freundin Mary-Kay Wilmers, die Herausgeberin der *London Review of Books*, die sich das Thema der Vorträge, die zur Grundlage dieses Buches wurden, ausdachte und sie 2014 und 2017 für die *LRB*-Vortragsreihe im British Museum London in Auftrag gab. Mein herzlicher Dank gilt ihr, den anderen Mitarbeitern und Mitarbeiterinnen bei der *LRB* sowie der BBC, die eine Fassung meiner Vorträge in Radio und Fernsehen verbreitete (fürs Protokoll: Der erste Vortrag war der einzige meiner Fernsehauftritte, der dem mittlerweile verstorbenen A. A. Gill wirklich gefiel). Viele weitere Personen haben mich bei der Vorbereitung dieser Publikation unterstützt. Wie immer hat Peter Stothard sein Wissen großzügig mit mir geteilt (diesmal sowohl im Bereich der Klassischen Altertumswissenschaften als auch in der aktuellen Politik). In der Endphase und bei den abschließenden Worten war mir Caterina Turroni – wir arbeiteten gerade in einem gänzlich anderen Projekt zusammen – eine große Hilfe. Meine Familie – Robin, Zoe und Raphael Cormack – hat zahlreiche Probefassungen der Vorträge wochenlang geduldig über sich ergehen lassen (und Raphael verdanke ich den ersten Hinweis auf *Herland*). Auf Debbie Whittaker hätte ich nicht verzichten können. All die Leute bei Profile Books, darunter Penny Daniel, Andrew Franklin und Valentina Zanca, waren wie gewohnt großzügig, effizient und geduldig. Hier kann ich es mir nicht verkneifen, daran zu erinnern, dass in den frühen 1980er Jahren Chloe Chard und ich in einem gemeinsamen Artikel der Frage nachgingen, warum Frauen in Universitätsseminaren sich so selten zu Wort melden. Niemand, dem wir den Artikel schickten, wollte ihn veröffentlichen. Es versteht sich von selbst, dass einige der in diesem Buch vorgebrachten Argumente auf Gespräche mit Chloe zurückgehen.

Am meisten zu verdanken habe ich jedoch Helen Morales, meiner früheren Kollegin am Newnham College in Cambridge, die jetzt als Professorin an der University of California, Santa Barbara, unterrichtet. In langen transatlantischen Telefongesprächen besprachen wir ausführlich die nicht nur antiken Probleme hinsichtlich der Macht und Stimme von Frauen. Neben vielem anderen wies sie mich auch auf die Medusa-Bilder hin. Dieses Buch ist ihr gewidmet.

ABBILDUNGSNACHWEISE

1 Penelope und ihr Sohn Telemachos in Ithaka während Odysseus' Abwesenheit, rotfigurige Vase aus dem 5. Jahrhundert v. Chr., Chiusi, Museo Nazionale. Foto: Dea Picture Library/De Agostini/Getty Images

2 »Das ist ein hervorragender Vorschlag, Miss Triggs«, Karikatur einer sexistischen Vorstandssitzung von Riana Duncan, *Punch*, 8. September 1988. Foto: © *Punch* Limited

3 *Jupiter übergibt Juno die in eine Kuh verwandelte Io*, Gemälde von David Teniers (1638), Kunsthistorisches Museum Wien, Österreich. Foto: Wikimedia

4 *Echo und Narziss*, Gemälde von John William Waterhouse (1903), Liverpool, Walker Art Gallery. Foto: Superstock/Getty Images

5 Lucretias Vergewaltigung durch Sextus Tarquinius und ihr Suizid: Miniatur auf dem Blatt eines illuminierten Album amicorum, um 1550. Foto: Sotheby's

6 Pablo Picasso, *Kampf zwischen Tereus und seiner Schwägerin Philomela* (1930), aus: *The Metamorphoses of Ovid*. Foto: © Succession Picasso / DACS, London 2017

7 Hortensia trägt ihren Fall den Triumvirn vor, Holzschnitt aus einer deutschen Übersetzung von Giovanni Boccaccios *De mulieribus claris*, um 1474. Foto: Penn Provenance Project / Wikimedia

8 Königin Elizabeth I. (1533–1605) mustert zu Pferde ihre Truppen in Tilbury, um 1560. Foto: Hulton Archive / Getty Images

9 Sojourner Truth, um 1879, Randall Studio. Foto: Alpha Historica / Alamy

10 Jacqui Oatley erhält ein Ehrendiplom (2016). Foto: Express & Star, Wolverhampton

11 Edward Burne-Jones, *Philomene.* Holzschnitt auf Dünndruckpapier. Probeabzug einer Abbildung für The Kelmscott Chaucer, S. 441, »The Legend of Goode Wimmen«, 1896. Foto: The British Museum Online Collection / Wikimedia

12 *Fulvia mit dem Haupt Ciceros*, Ölgemälde von Pawel Swedomski, um 1880, Pereslawl-Salesski, Museum für Kunst und Geschichte. Foto: Wikimedia Commons

13 Cover von Charlotte Perkins Gilmans Roman *Herland*, 1915 erstmals in der Zeitschrift *The Forerunner* und im April 1979 in den USA bei Pantheon Books in Buchform erschienen

14 Bundeskanzlerin Angela Merkel und die damalige US-amerikanische Außenministerin Hillary Clinton im Kanzleramt in Berlin (9. November 2009). Foto: Action Press / REX / Shutterstock

15 Frederick Leighton, *Clytemnestra from the Battle-*

ments of Argos Watches for the Beacon Fires which are to Announce the Return of Agamemnon, um 1874 (Öl auf Leinwand). Foto: Leighton House Museum, Kensington & Chelsea, London, UK / Bridgeman Images

16 Kampf zwischen den Griechen und den Amazonen; rotfigurige weißgrundige klassische Vase, Terrakotta, um 420 v. Chr. Foto: Rogers Fund, 1931 / Metropolitan Museum New York

17 Achill tötet Penthesilea, schwarzfigurige Amphore, etwa 6. Jahrhundert v. Chr. Foto: British Museum

18 Katie Metz, Plakat für eine Theaterinszenierung der *Lysistrata*, Abdruck mit freundlicher Genehmigung von Katie Metz

19 Szene aus einer *Lysistrata*-Aufführung, Long Beach Playhouse, Kalifornien, 2016. Foto: Michael Hardy

20 Römische Miniatur, Kopie der Athene-Statue im Parthenon, Athen, Archäologisches Nationalmuseum. Foto: Akg-images

21 Geburt der Athene, Zweihenkelkrug, um 540 v. Chr. Foto: Henry Lillie Pierce Fund / Museum of Fine Arts, Boston / Bridgeman Images

22 Benvenuto Cellini, *Perseus mit dem Medusenhaupt*, Bronzeskulptur (1545–54), Loggia dei Lanzi, Piazza della Signoria in Florenz, Italien. Foto: Akg-images

23 (Oben) Michelangelo Merisi da Caravaggio, *Medusa* (1597), Uffizien, Florenz, Italien. Foto: Wikimedia. (Mitte) Angela Merkel als Medusa.

(Unten) Hillary Clinton als Medusa. Beides sind Internet-Meme,

24 Umgestaltung von Cellinis Skulptur *Perseus mit dem Haupt der Medusa*: Donald Trump als Perseus und Hillary Clinton als Medusa. Foto: internet meme

25 Gerald Scarfe, »Handbagging«, Margaret Thatcher erschlägt Kenneth Baker, MP © Gerald Scarfe, mit freundlicher Genehmigung

26 Die Gründerinnen von »Black Lives Matter« Alicia Garza, Patrisse Cullors und Opal Tometi bei den Glamour Women Of The Year Awards 2016, Los Angeles, Kalifornien. Foto: Frederick M. Brown / Getty Images

27 Cover von Charlotte Perkins Gilmans *With Her in Ourland*; die Fortsetzung von *Herland* wurde zuerst 1916 kapitelweise in der monatlich erscheinenden Zeitschrift *The Forerunner* abgedruckt und 1997 von Greenwood Books, USA, wiederveröffentlicht

REGISTER

Fett gesetzte Seitenzahlen verweisen auf Abbildungen.

ZUM COVER

Dieses erhalten gebliebene Fußbodenmosaik – man beachte den Kopf der Medusa in der Mitte – inspirierte den Einband des Buches.

The J. Paul Getty Museum, Malibu, California.
(Foto VCG Wilson / Corbis via Getty Images)